智 读 汇

连接更多书与书，书与人，人与人。

VUCA 时代下的
HR 精进之道

范珂 著

中华工商联合出版社

图书在版编目（CIP）数据

VUCA 时代下的 HR 精进之道 / 范珂著 . — 北京：中华工商联合出版社，2020.1

ISBN 978-7-5158-2649-3

Ⅰ . ① V… Ⅱ . ①范… Ⅲ . ①企业管理—人力资源管理 Ⅳ . ① F272.92

中国版本图书馆 CIP 数据核字（2019）第 274812 号

VUCA 时代下的 HR 精进之道

作　　者：	范　珂
出 品 人：	李　梁
策划编辑：	付德华
责任编辑：	楼燕青
装帧设计：	王桂花
责任审读：	李　征
责任印制：	迈致红
出版发行：	中华工商联合出版社有限责任公司
印　　刷：	北京毅峰迅捷印刷有限公司
版　　次：	2020 年 12 月第 1 版
印　　次：	2020 年 12 月第 1 次印刷
开　　本：	880mm×1230mm　1/32
字　　数：	245 千字
印　　张：	10.75
书　　号：	ISBN 978-7-5158-2649-3
定　　价：	59.90 元

服务热线：010-58301130-0（前台）

销售热线：010-58301132（发行部）
　　　　　010-58302977（网络部）
　　　　　010-58302837（馆配部）
　　　　　010-58302813（团购部）

地址邮编：北京市西城区西环广场 A 座
　　　　　19-20 层，100044
http://www.chgslcbs.cn

投稿热线：010-58302907（总编室）

投稿邮箱：1621239583@qq.com

工商联版图书
版权所有　侵权必究

凡本社图书出现印装质量问题，请与印务部联系。

联系电话：010-58302915

自　序

我的第一本书《世界 500 强人力资源总监管理手记》（以下简称《手记》）自两年前出版以来，一直有读者不断给我来信，告诉我这本书给他们带来的各种启发和收获。有人凭着这本书成功地通过面试获得了心仪的职位，有的人参考书中的方法论推动了所在企业的 HR 工作的升级，还有更多人借助书中的管理工具完成了更多的日常工作任务。

这些也正是我写"行走的帆"个人公众号和出版图书的初心：通过介绍先进的人力资源管理理念来影响中国众多的 HR 们，最终帮助他们提升自己所在组织的人力资源工作。

《手记》一书诞生于 2017 年 11 月，应该说其中一些文章的内容还是比较微观，很多题目主要聚焦在各人力资源模块的具体操作上，包括人才盘点、薪酬设计、招聘管理等。

《VUCA 时代下的 HR 精进之道》（以下简称《HR 精进之道》），是汇集了我在过去两年时间里，结合自己的理论学习和实操经验，在人力资源管理领域所做的更深度思考。这些思考内容通过我在本书中的文章，主要体现在以下三个方面。

第一，2018 年，我第一次独立翻译的一本书——《奈飞文化手册》（湛庐文化）出版。书一经面世即倍受读者推崇，同时该书在豆瓣的"2018 年度财经管理类图书排行榜"上名列第二。

其实，我早在 2013 年就通过《哈佛商业评论》读到了奈飞的企业文化之道，后来也将它部分应用到了自己所在的企业，还取得了一定的收效。借助翻译这本书的经历，我也开始了更多对企业文化的思考。

很多人听到企业文化时总觉得这是一个很虚的概念，我也曾认为企业文化不如绩效、薪酬、招聘这些看得见、摸得着的工作来得实际。但是，纵观那些在商业上取得非凡成就的公司，如奈飞、谷歌、阿里、京东和爱奇艺等，无不是在打造自己独特的企业文化上倾注了大量的心血和努力，更有企业甚至把文化匹配作为衡量人才的压倒性指标。

反观那些在商业上陷入困境、挣扎不前的公司，往往都能从它们最基层的企业文化上找到一些原因。如何打造一种适合企业自己的"赢"的文化？如何把看似虚无的文化落地到日常管理上去？如何通过良性的企业文化推动企业整体的发展？这些是我在过去两年里思考最多的问题。

　　第二，2018 年我经历了人生中的一次重大转折——离职创业。我离开高薪的跨国公司大平台，开始了单枪匹马的"个体户"生涯。通过自己创立的"珂帆咨询"，我的身份开始在 HR 讲师和顾问之间切换。

　　在过去一年多的时间内，我接触了大量的、来自各行各业的客户企业，有国企、民企也有外企；有大型跨国公司也有中小型民营企业；有企业创始人、业务高管也有 HR 的伙伴们。这一年的经历极大地丰富了我的视野，也让我习惯了跳出 HR 的思维框架，不断从行业、市场和组织的高度去看待具体的某个人力资源管理问题。

　　做管理顾问最需要修炼的一项技能就是系统思考，从空中视角去看全局，然后找准问题的方向，层层抽丝剥茧，直至挖掘出问题的根本。这样就可以避免遇到问题时，头痛医头、脚痛医脚，治标不治本的尴尬。我认为，系统思考同样也是一个 HR 需要修炼的能力。

　　在和一个又一个的客户碰撞中，我不断强化了自己系统思考的能力，也很欣喜地看到自己的付出帮助一些客户实现了期望的目标。因为客户信息保密的原则，我无法将这些案例一一展现给大家，但我也尽力将一些不涉及客户专有信息的内容收录到了本书部分文章之中。

　　第三，我在本书中还着重介绍了现代数据科学在人力资源领域的应用。2018 年夏天，我回到康奈尔大学专门学习了人力数据分析的相关课程。为什么会对这个课题感兴趣？德勤早在 2017 年就提出，人力数据分析（People Analytics）是未来 5~10 年 HR 领域里的一大热点。所谓人力数据分析，就是将人力资源和现代大数据分析技术相结合，以数据取代感性认识，最终实现用数据说话，以数据推动人力决策的功能。

反观今天中国很多企业在这个领域还比较落后，并没想到如何把组织中大量的 HR 数据转化为生产力。同时，众多 HR 从业者们非理工科的专业背景，也限制了企业在人力资源领域开展数据分析和应用。

我从一年前开始举办了人力数据分析的课程，迄今开办公开课和内训课累计十几期，学员人数超过数百人。很多同学反映课程帮助他们学会了挖掘人力数据的价值，并养成了更加理性思考的习惯，甚至还有同学因为我的影响而改变了自己的职业选择，从一名传统的 HR 走上了成为面向未来的 HR 数据分析师之路。

阿里的首席人才官童文红女士在最近的一次公开演讲中提到："把感性的东西和理性的数据进行结合不光是阿里的 HR 的方向，也是下一个数据时代到来时所有 HR 工作的方向。"如果我的努力能够帮助中国众多的 HR 们在数据时代带来一些积极的变化，这就是我最大的心愿。

最后，希望本书能够给大家带来一些美妙的体验，祝大家
阅读愉快。

范珂

2019 年 10 月于上海

CONTENTS 目录

HR

第一章

人力数据分析

谷歌是如何应用数据分析来驱动人力决策的？

自创立之初，谷歌的公司文化就深深地带有创始人的烙印——典型的工程师文化。公司内有一条不成文的规则，那就是任何决策不能拍脑袋，必须是数据驱动。每个人都必须学会用数据说话，用数据去说服别人，并用数据推动决策。

数据驱动一切决策，HR 管理也不例外。

谷歌最早的 IPO 招股说明书中这样写道："我们不是一个传统意义上的公司，我们也不打算成为一个传统意义上的公司。"从 HR 角度来看，这意味着谷歌的 HR 自公司成立的第一天起也着力于将自己打造成一个非传统意义的 HR。其中最能凸显其非传统的一点，就是 HR 需要完全通过数据来指导日常的所有工作和决策。

谷歌有专门的人力分析团队，直接向公司人力副总裁汇报。分析团队的背景也很特别：1/3 的人有 MBA 学位，1/3 的人有心理与行为学方面的博士学位，剩下 1/3 的人拥有数据或统计分析方面的学位。

此外，在人力数据分析团队内部，分别有专人对接每一个 HR 职能部门，这样确保每个职都能够完全实现数据驱动决策。

如图 1-1 所示，谷歌在数据分析决策方面专门开发了一套决策模型（Analytics Value Chain）。

6. 行动	Action：接下来建议的行动方案
5. 洞见	Insights：找出数据背后的真正原因
4. 分析	Analysis：对数据和事实进行分析
3. 衡量	Metrics：这些数据和事实由哪些关键指标来衡量
2. 数据	Data：找出和这些现象相关的数据和事实
1. 观点	Opinion：人们看到表面现象后形成的主管意见和观点

图 1-1　谷歌决策模型

第一步，观点（Opinion）

这一层主要是人最直观的主观看法。比如，人们常说："我觉得应该是这样的，因为一直以来事情就是这么运作的。"这就是一种看法，它并不代表事实。从分析的角度来说，HR 需要避免只凭直觉看问题，应尽量拿事实说话，做到超越直觉。

第二步，数据（Data）

HR 的各个部门原本就拥有大量的数据，比如组织内多少人有编制、一段时期内有多少人获得了晋升、多少人离开了公司等。

这些数据广泛地散落在组织各处。但是这些数据只是停留在原始信息阶段，尚无法被人所理解。只拥有数据并没有太大意义，因为数据本身并不能自动解决任何问题。

第三步，衡量（Metrics）

衡量的内容包括具体的指标、比例等。HR 可以定期把相关的数据发送给相关人员参阅，让大家获取信息，了解组织内部正在发生什么。

然而，随着时间的推移，人们可能会对这些指标开始麻木，因为这些数据、指标并不能解决实际问题，无法帮助组织做出下一步的行动计划。

第四步，分析（Analysis）

分析可以帮助人们在不同的数据之间建立起联系：数据和

数据之间都有什么关系、接下来的发展变化趋势是什么、与之相关的都是哪些群体，等等。通过分析可以进一步去挖掘数据背后的本质和成因。

第五步，洞见（Insight）

通过对数据的分析，可以透过表面看本质，最终形成自己对某一事物的洞见。

第六步，行动（Action）

归根结底，数据分析的目的是要解决问题。基于对事物形成的洞见，接下来便可以有的放矢地制订行动方案，并付诸实施，最终帮助解决组织存在的问题。

我们来看一个谷歌数据分析在实际工作中的经典应用案例。

谷歌有一个人力团队叫人员与创新实验室（People and innovaiton lab），负责从长期角度解决组织中存在的人员难题，通过创新的解决方案来帮助组织实现变革。实验室曾经负责过一个管理者发展项目，叫"氧气项目（Project Oxygen）"。

项目的起源很有意思：谷歌创立早期，创始人佩奇认为公司具有典型的工程师文化，不太理解到底管理者（People manager）在组织中能够有什么大的作为。他甚至觉得，在组织中设立"管理者"这种非常具有官僚特征的职位只会让人觉得碍手碍脚。

后来佩奇一声令下，说我们干脆把管理者这种职位取消了吧，所有工程师一律向我本人汇报。结果，管理者岗位的取消并没有带来组织效率的提升，反而让组织陷入了巨大的混乱。无奈，谷歌后来又重新恢复了管理层。

经过这么一折腾，创始人开始反思：为什么自己一开始会觉得管理层不重要呢？那不如来做个数据分析，看看管理层的重要性到底在哪里。

当时，谷歌内部已经有了一些与管理者相关的人力数据，一类是绩效反馈数据，这是管理者对员工自上而下的反馈；另一类是员工调研数据，这是员工对管理者自下而上的反馈。

接下来把这些数据分出四个分位，重点关注分位序列中最上面的 25% 和最底部的 25%，然后来看每个分位的管理者的具体表现如何。相关的衡量指标包括：团队工作业绩、团队成员的幸福度打分、团队成员离职率，等等。

经过分析，人们发现一个管理者的表现好坏对以上指标存在巨大影响，位于最上面 25% 的管理者的这些指标远远好于最底层的 25% 的管理者。最后的结论是：一个优秀的管理者对公司至关重要。

接下来，找到可以帮助管理者提升的方式，让他们都可以成为优秀的管理者。

在这一步，谷歌做了两项工作。第一项：设立优秀经理奖（Great Manager Award）。如果想提名优秀经理，提名者必须写清楚他有哪些具体的事例和行为表现。通过对所有提名的解码，谷歌可以提取出优秀管理者的共同之处。

第二项工作：对所有经理开展面谈。面谈之前，面谈双方并不知道被面试者是否属于优秀经理之列。所有面谈结束之后，把面谈结果汇总、分析、解码，从中找到优秀经理和非优秀经理到底都有哪些不同之处。

上述工作的产出便得出了谷歌的优秀管理者所具备的八项行为特征：

1. 是一个好教练；

2. 对团队授权而不是做细节管理；

3. 非常关心团队成员的事业成功及个人福祉；

4. 工作成效高，并且结果导向；

5. 是一个良好的沟通者，愿意倾听和分享信息；

6. 能帮助下属实现职业发展目标；

7. 能为团队设定清晰的愿景和战略；

8. 具备重要的岗位技能，能对团队提供建议。

此外，谷歌还提炼出了导致经理们陷入麻烦的三个普遍原因：

1. 过渡期充满挑战（比如突然被晋升、被新招入并缺乏相关培训等）；

2. 在绩效管理和职业发展方面缺乏一套持续稳定的方法和工具；

3. 在人员管理和沟通方面花的时间太少。

有了以上发现之后，谷歌就开始通过以下渠道来定期评估和发展管理者：

1. 一年两次的员工对管理者的向上反馈调研（聚焦在八项行为特征方面）；

2. 每年的优秀经理颁奖，以此发现管理者中的典范；

3. 管理者培训；

4. 新经理沟通课程，让新经理知道公司对他们有什么具体的期望。

最后，我们再用谷歌的数据分析决策模型来复盘一下整个项目过程：

1. 观点——大家觉得管理者对谷歌的绩效没有影响，贡献不大；

2. 数据——组织内有大量跟管理者相关的数据，主要来自绩效管理和员工调研；

3. 衡量——大部分员工对经理的调研评分还不错；

4. 分析——优秀经理拥有较低的员工流失率和较高的团队绩效；

5. 洞见——提炼出与管理者相关的八项正面行为和三大负面原因；

6. 行动——发起由员工打分的聚焦八项行为的管理者调研，创建机会帮助管理者之间相互交流最佳实践。

从一个案例悟透
人力数据如何驱动关键决策

案例

美国田纳西州的孟菲斯市号称美国的"物流产业之都"。该市位于几条州级高速公路和几条东西铁路大动脉的交汇处，这种得天独厚的地理优势吸引了大批物流分销企业到此落户。这其中，最著名的一家企业就是联邦快递（Fedex），它把公司的大本营直接放在了孟菲斯。

在靠近孟菲斯机场附近一个叫 Elvis Presley 's Graceland 的狭长地带上，过去十多年里建立起了大量的工业仓储企业。

如果驱车到这个地方兜一圈，你会发现这里满眼都是现代化的办公楼和大规模的仓储设施。但是，众多企业蜂拥而至后也随之引出一个问题：企业之间的人才竞争开始趋于白热化。

本来当地人才供应就比较有限，再加上各家公司的薪资待遇也都差不多，所以有一段时间，很多企业都陷入了用工荒。于是，能否有效找到合适的仓储工人成了各家企业管理者们最头疼的事情。

有一家当地大型的物流公司管理层把解决招聘的当务之急放到了公司的首要任务上，该公司希望 HR 团队能够跳出传统工作模式，更加积极创新地解决招人难的问题。

公司董事长直接向 HR 提出了一个问题：从人员搜寻（Sourcing）、招聘（Recruiting）和入职（Onboarding）阶段来看，公司现有的那些高绩效员工身上都有哪些共同特征？

为了回答这个问题，HR 的招聘团队从人力数据分析（HR analytics）开始入手，着手寻找 HR 整个工作在招聘渠道、招聘方式、挑选流程以及员工绩效考核结果方面都有哪些相关联的因素。

在一个标准的数据分析流程中包括三个环节：输入、过程、输出。

在本案例中，输出端是高绩效员工，可以根据 HR 信息系统里面每名员工最近一次的绩效评估结果予以识别。与此同时，来自招聘渠道的输入质量也可以根据招聘系统里的人员数据来记录和识别。整个流程过程中的挑选和入职方式可以通过员工档案来得到。

很显然，这里涉及的所有人力数据都已经大量存在于组织中，只是很多时候我们缺乏关注。而这次做人力数据分析的目的，正是要去发掘和利用这些宝贵的数据。

被埋没的宝藏

后来的数据分析发现了一些有趣的、出乎人们意料的结果，而正是这些发现促成了物流公司 HR 后来对整个招聘流程的大幅改革。

举例说明，通过对输入端进行数据分析，HR 获得了以下发现：

1. 大多数高绩效员工在申请岗位时，其现有公司到所申请公司的距离都比较近；

2. 大多数仓储岗位的应聘人员不愿意到离家远的地方工作；

3. 申请人主要是通过公司大楼外的醒目标识或其他在职员工（而不是报纸或杂志的招聘广告）了解到岗位空缺的；

4.诱人的员工福利计划是促使申请人决定跳槽的关键因素。

通过对整个招聘流程进行数据分析，HR 又获得了以下发现：

1. 优秀候选人更倾向于到现场应聘，而不是只通过在线填写一堆表格参加应聘；

2. 把候选人未来可能工作的场所作为招聘现场，比到公司以外的地方去召开招聘会更吸引候选人；

3. 候选人通常在下午偏晚一些的时候才会提交他们的应聘资料，因为此时正是他们在其他公司交接班之际；

4. 最有效的面试官是生产线工人领班，而不是工人主管。

行动方案

基于以上的分析，该公司接下来采取了以下措施来改进招聘工作：

首先，HR 重新设计了一个全新的招聘方案，主题是"在一个离家近而且福利好的公司工作会是一种什么体验？"这个广告语出现在该工业区入口处一个醒目的大广告牌上，另外，还广泛张贴在工业区内的一些餐馆和零售店的公告栏里。

另外，HR 重新设计了来公司的参访环节，辅之以现场面试，还能享受美味的零食。参访时间安排在每周二和周四的下午 3 点到 7 点，以方便处于交接班的候选人前来应聘参访。

最后，招聘人员还特别为每个前来公司的候选人准备了一份员工福利手册，对该公司的各项福利政策进行了详细介绍。

结果

在这些方案实施的头两个月，候选人人数上升了 20%，接受录用通知书的人数也同样上升了 20%。更让人称奇的是，在对这批新员工完成进入公司的第一次绩效评估后，高绩效的新员工人数比招聘前增加了 35%。

这个案例带给我们的启示是：HR 原本就掌握着大量的人员数据，但是这些数据平时散落在各种流程和系统中，并没有得到有效利用，最后成为被埋没的宝藏。

因此，做人力数据分析时关键的工作就是：首先需要确定哪些数据是对我们有用的，把它们挖掘出来，然后通过专门的数据分析模型对其完成定量和定性的分析，最终以这些分析结果来驱动关键的业务决策。

HR 数据太多
该如何利用才能有效决策?

不要小看 HR 部门,它们是组织内部少数几个掌握大量宝贵数据的部门之一。从员工个人基本资料到薪酬、绩效、发展潜力,大量的信息都可以在 HR 系统里找到。

我们该如何像业务部门那样,把这些宝贵的数据转变成 HR 有效决策的依据呢? 从数据分析的角度可以考虑从以下五个方面入手。

趋势分析

很多数据单个本身看并不重要,但是只要我们持之以恒地收集这些数据,假以时日,当达到一定数量之后,它们就可能呈现出某种趋势来。比如,组织在某个月的离职率可能并不高,但是假如连续几个月的离职率都呈现升高趋势,那就该敲响警钟了。

做趋势分析时，对人力决策有意义的指标有很多，包括：人均产值、人均利润、新招聘人员质量、人员胜任力差距、主动离职率、绩效评估结果以及员工敬业度等。

对标

除了做趋势分析，把数据与组织外部的类似数据进行对比也是更有效地挖出数据背后含义的一种方法。举个例子，某公司的离职率为15%，乍看之下觉得离职率偏高，但是如果该公司所在行业的平均离职率是20%，你就会觉得这个15%也是可以接受的结果。

再比如，某互联网公司在做内部员工薪酬的市场分析时，与高科技行业市场数据对标后发现自己处于75分位，按说这是一个非常有竞争力的结果。但是，再和企业所在的移动互联网细分市场的竞争对手对标后，薪酬水平落到了50分位以下。显然，想以这种薪酬水平吸引或留住员工，前景堪忧。

设定目标

任何值得衡量的指标都需要设定目标。什么样的目标最有效？当然是要有足够挑战且有现实意义的目标。举个例子，组织经常喊出"减员增效"的口号，但是到底减多少人头才是正确的？假如业务量要增长 20%，这时减员能保证业务的增长率吗？

合理的做法是，利用历史数据的变化趋势以及市场数据的对标来确定目标的基准水平，在此基础上进一步确定哪些是保底目标（Base）、哪些是正常目标（Reasonable）、哪些是挑战目标（Stretch）。

设计数据仪表盘

数据太多、指标太多，容易让人抓不到重点，这时数据仪表盘便能发挥出重要作用。就像开汽车一样，里面的零部件成千上万，每一个环节都很重要，哪一辆汽车出了问题都会抛锚。但是，作为驾驶员，这些都是你随时需要去关注的吗？显然不是。你只需要关注面前仪表盘上的几项关键指标就可以了。

有数据意识的 HR 往往会设计针对不同受众的数据仪表盘。比如以招聘工作为例，提供给高级管理层的数据仪表盘可能包括员工整体数量增长和人均产值；提供给中间管理层的则包括岗位空缺比例和关键岗位招聘周期；而提供给 HR 运营团队的仪表盘则包括招聘渠道占比、人均招聘费用、候选人拒签录用通知书比例等。另外需要注意的是，数据仪表盘必须保持实时更新的状态。简单的数据仪表盘用 Excel 就可以设计出来。

结合业务结果

数据分析原则之一就是要以业务结果为导向。评估一项人才发展项目，经理和员工的满意度打分很高固然可喜，但是我们还应想到这个项目运行后到底对业务产生了什么样的影响。真的帮助项目学员所在的业务部门提高了业绩吗？对他们的团队有什么影响？敬业度和离职率发生了什么变化？等等。

实际的业务最终结果并不是 HR 总能获取到的。但是，无论如何，我们必须尽最大的努力去建立假设，然后收集与最终实际结果相关的数据，通过趋势和对标等分析手段来不断地检验我们的假设。

数字化转型到底怎么做？

我应 HR 公益组织 HRPA 的邀请，到苏州参加了 HRPA 主办的"数字化人力资源高峰论坛 2019"。我在现场分享的题目是"数据分析在人力资源领域的应用"，其他几位嘉宾都是来自 500 强公司的业务或 HR 负责人，分享了各自公司的数字化转型之路，亮点很多。我对其中的两场演讲做了一些笔记和思考，在这里与大家分享。

案例分享

一、霍尼韦尔

对很多制造业公司而言，强调数字化转型是不得已而为之。今天，传统的制造业工厂无一例外地面临以下几个重大挑战：

1. 中国长期以来引以为自豪的人口红利正在缩减，适龄劳动力供给逐年下降；

2. 以"90后"和"00后"为代表的年轻一代愿意从事制造业的意愿在降低（也难怪，有时候送个外卖都能比在工厂里干挣得多）；

3. 因工人工资、福利和培训等成本的上升所引发的管理成本上升。

在这种现实背景下，企业走数字化和自动化之路成为必然之选。通过用机器替代人工，既能增加生产效率，又能降低生产成本。

根据霍尼韦尔安全与生产力解决方案业务负责人涂赟的分享，该公司在建设智能化工厂的过程中走的路径可以用两条主线来概括：一条是精益—分组—自动化；另一条是数据—数据连接—数据驱动。

先说第一条自动化路径。公司本着精益生产的原则，首先把众多的生产任务进行分解，以此完成生产任务的模块化。然后，根据各个模块的特点，有针对性地挑选出一些来实行自动化。

在挑选哪些模块来做自动化时，霍尼韦尔应用的标准是：

1. 简单重复的工作；

2. 工作有一定的危险性；

3. 工作对质量稳定性的要求比较高，这样可以避免人的主观因素的干扰；

4. 自动化项目自身的投资回报率（ROI）。

第二条是数字化路径。公司先是有针对性地收集与生产运营相关的数据，然后打通各数据集之间的关联，最后利用数据建模实现对生产任务的自动计划和调度。

分享案例：公司通过仓库作业工人所佩戴的电子传感器来完成日常工作过程中的关键数据收集，后台经过数据分析后主动向工人推送工作任务，还能对工人实施实时的绩效评估。

项目带来的好处：以前车间管理者很容易向 HR 抱怨说人手不够，现在根据数据分析结果由系统自动来完成人力规划，什么工作量需要配多少人手一目了然；员工在工作中的浪费时间被大大减少，人均生产效能获得了显著的提高。

二、施耐德

面对同样的制造业转型压力，施耐德走了一条与霍尼韦尔稍微不同的路径。

根据施耐德 HR 副总裁 Helena Shao 的介绍，在整个数字化转型过程中，HR 从组织、文化和能力三个方面为业务提供了支持。

第一个方面是提供组织支持。为了完成数字化转型，施耐德对组织做了如下梳理：

1. 建立创新实验室（实验室专门负责寻找和挑选外部的优秀创意，然后伺机引入公司内部落地）；

2. 关键业务流程梳理（这项工作的目的在于确定各关键流程的负责人，同时完成数字化战略规划和成熟度评估）；

3. 技术解决方案（搭建技术平台，实现内部各系统之间信息和数据的互联互通，同时保证数据安全不外泄）；

4. 完善数据分析和数据治理（通过数据建模和数据分析，为业务找到最优解决方案）。

第二个方面是提供文化支持。公司在组织的各个部门和层级都识别和任命了全职或兼职的关键人选，这些人分为领导者和专家两类，专门负责在公司数字化转型过程中推动创新和对团队赋能。其中的专家又按照业务流程专家、专业领域专家和工具关键使用者进行了划分。

通过对腾讯等企业的对标学习，施耐德发现自己在以下八类专业化数据岗位上人才缺乏，于是又分别通过外部招聘、内部培养和人才共享的方式来解决这些人才空白：

1. 数据分析；

2. BPO（Business Process Outsourcing：商务流程外包）；

3. 机器学习；

4. 数据安全；

5. IT 基础设施；

6. 数据建模；

7. 数字化战略；

8. 数字化领导力。

第三个方面是提供能力支持。要推动企业数字化，身处其中的每一个人必然要具备相应的数字化能力。

施耐德通过 DACUM（Develop A Curriculum：通过职务分析或任务分析确定某一职业要求的综合能力及专项技能的系统方法）这一能力提取工具，为关键岗位提取出了相应的数字化能力项。在此基础上制作出了一份完整的学习地图，包括数字化转型所需的从初级到高级、从硬件到软件的所有能力项。针对学习地图中列出的每一项能力，公司开发或外购了相关课程，主题包括：统计学、数据分析、人工智能、机器学习、深度学习等。

在课程体系搭建完成之后，最有效的培训与学习方式是将课程与实际工作相结合。施耐德通过落地实际生产运营项目为员工完成了数字化能力的培训。

通过以上组织、文化和能力三个方面的工作，施耐德的 HR 就完成了在整个数字化转型过程中对业务团队的赋能。

几个月前，我采访了一位世界 500 强企业的工厂厂长，他本人也是一位数字化转型的积极倡导者和践行者。他所在的工厂也同样面临着日益减少的人口红利和不断上涨的劳动力成本压力。今天，在数字化转型方面，他领导的工厂已经走在了行业前列。

用他的原话说，如果哪家传统制造业企业到现在还没有考虑数字化转型的话，那么未来只会是"死路一条"。而在数字化转型过程中，那些懂得数字化战略和具备数字化能力的人才显得尤为可贵。

他告诉我，地处西南某省的一家民营企业，就是因为招了一名懂数字化战略的厂长，后来带领整个企业走出了困境。而公司付给这个厂长的年薪为几百万元。这个薪资水平放到一线城市来看也是相当抢眼的。未来数字化人才的市场价值由此可见一斑。

9 种常见的 HR 数据分析方法

对比分析

一个数据本身是没有任何意义的，只有在把它和其他数据放在某个场景下做对比，我们才能真正发现它的意义。

我以前在汽车行业，公司每年的销售增长率在 20% 左右。这个增速到底是高还是低？跟互联网行业的发展相比当然是偏低，但是如果你考虑到我们公司所在行业年增长率也就 10%~15%，那 20% 就是一个相当不错的成绩了。

再举个例子，接近年底了，负责薪酬的 HR 都在做自己公司下一年工资增长幅度的预测，这时你也需要把自己的数据和行业相对比，而不是单看自己公司的期望比例，这样才知道自己处于市场的什么地位。

一般来说，对比有两种，一种是时间上的，另一种是空间上的。

时间上的对比又分两种：本月的数据和上月的数据相比，叫作环比；本月的数据与去年同期的数据相比，叫作同比。空间上的对比也分两种：一种是和外部比较；另一种是内部部门之间互相比较。拿自己公司离职率和行业离职率进行对比，属于前者；各部门之间的离职率进行对比，属于后者。

当手上有了数据，首先想到的能够拿它去和哪些数据进行对比。正是在这种不断反复的对比之下，数据才会凸显出自己所蕴藏的意义。

细分分析

做数据分析的目的是透过现象看本质，并进一步提出问题的解决方案。

细分分析帮助我们把数据分解到颗粒度更小的维度，从而更容易看清事情的本质。假如公司的年离职率达到了 10%，超过行业 5 个百分点。现在想分析这 10% 的高离职率究竟是如何造成的，我们可以将数据进行各种细分，细分维度可以包括：离职原因、绩效、司龄、年龄、部门、薪酬、级别、籍贯，等等。

再举个例子，在招聘中，我们经常需要分析招聘工作的效率。我们可以根据候选人的数据划分为渠道、费用、年龄、学历、周期等不同维度进行细分。

有一家处于快速成长期的公司，每年有大量的招聘。为了确保招聘流程的高效，HR 把招聘流程分解为 10 个关键节点，然后依次统计每个候选人在各节点之间所花费的时间，从而可以迅速发现流程中的症结，便于及时采取行动，提高效率。

交叉分析

做细分分析的时候，每次只能看到数据的一个维度。比如做离职分析时，选择离职原因，就只能看到每个员工的离职原因；选择绩效就只能看到每个离职员工的绩效。

如果我们希望把不同的维度结合起来比较，比如：高绩效的员工一般都是因为什么原因而离职的，此时就需要用到交叉分析。

Excel 表格上的原始数据一般都是按照单一维度来呈现的，"数据透视表"这个功能就可以很好地帮助我们实现交叉分析功能。有人曾经夸张地说，Excel 的核心功能无非只有两个，一个是列查找，另一个就是数据透视表。

趋势分析

如果数据是来自不同的时间段，此时通常要做的是趋势分析。你也可以把趋势分析理解为时间维度下的对比分析。

美国的财经电视台 CNBC 曾发了几张图表来总结新中国成立 70 年来所取得的经济成就，里面主要使用的就是趋势分析。图 1-2 分析的是中国进出口贸易总额所占 GDP 比例的情况。

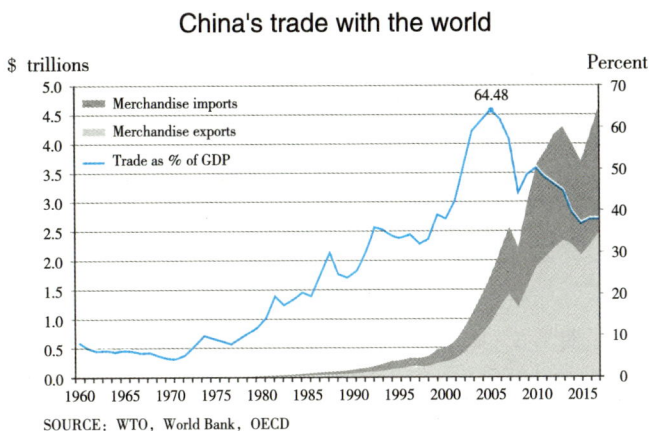

China's trade with the world

SOURCE：WTO，World Bank，OECD

图 1-2　中国进出口贸易总额所占 GDP 比例

通过这张图，我们不难看出：进出口贸易在中国经济总量占比中一直呈现上升趋势，在 2007 年前后达到峰值，占 GDP 的 64.48%，之后，比例有所下降，目前占 GDP 的 40% 左右，这从另一方面也说明我国的经济结构更趋合理。

再比如，图 1-3 是某公司按岗位类别划分的招聘天数的变化趋势。

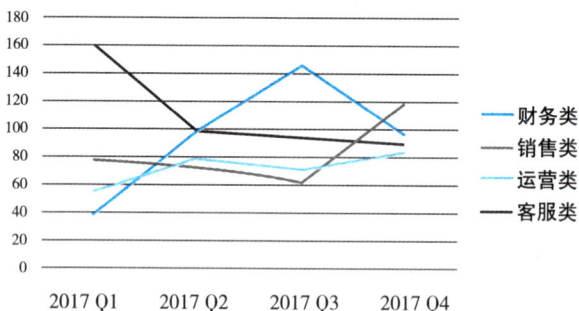

图 1-3　某公司按岗位类别划分的招聘天数的变化

从中可看出：客服类岗位的招聘天数下降明显，而运营和销售类岗位的天数都呈上升趋势,其中销售类的趋势尤为明显。从 HR 的角度来分析，我们就需要重点关心销售类岗位，解决其耗时上升的问题。

模式分析

模式分析和趋势分析类似，也是看数据的变化趋势或形态，所不同的是这里没有时间维度。

表 1-1 是某公司给某员工做的 360 度考评得分表。左边是对员工进行考核的各个维度，右边的线条代表各同事的打分情况。打分靠左意味着分数偏低，靠右意味着分数偏高。

表 1-1　某员工 360 度考评得分表

1	自我认知	
2	学习与自我发展	
3	工作和生活的平衡	
4	创新	
5	诚实正直	
6	领导勇气	
7	结果导向	
8	沟通交流	
9	合作与协商	
10	选拔和发展他人	
11	激励他人	
12	授权	

从这张表中，我们不难看出打分结果数据整体呈现出的一种模式：在"创新"和"选拔与发展他人"这两个维度，几乎所有的打分者都认为该员工在此项能力上表现偏低（和其他能力相比），而在"诚实正直"这个维度上，几乎所有人都认为该员工表现偏高。

因此，如果从该员工的角度来分析这份报告的结果，也许可以忽略每个打分者的具体打分结果，但他明显需要重视那些较多人给出低分的维度，比如"创新"。

假设分析

谷歌在其著名的六步数据分析模型中把第一步定义为"观点或假设"。

什么是观点或假设？就是人们对某件事物形成的一种意见，它是与事实相对立的。我们在做数据分析前，收到别人的意见时应该先把它当作观点或假设来对待，而不是当作事实。举个例子，业务经理告诉你说员工工资过低，需要加薪挽留员工。如果你把这件事当作事实，就会开始琢磨公司还能拿出多少预算、需要把这笔预算花到哪些人身上才能更好地挽留员工。

但是，假如我们首先把这个当成一个观点或假设，接下来一步正确的做法就应该是收集与这个观点相关的数据和指标，再进行分析，最终通过分析结果来印证该观点，并提出后续行动方案。

因此，在前述案例中，尽管业务经理的观点是希望加薪，但是最终通过分析我们会发现导致员工离职的原因不仅仅是薪水，还可能涉及公司文化、领导者风格等因素，后续采取的行动也就更能有的放矢。

这样，我们才能确保片面的观点不会遮掩事实的真相。

相关分析

把两组不同的数据放在一起分析，找出其中的相关性，就是相关分析。

相关分析往往是做因果分析的重要前提。比如，老板们都希望看到员工在正常的工作时间段以外加班，恨不得加班时长越长越好。那是不是加班时间越长，员工或公司的绩效就越好呢？一个简单的方法是把加班时间和绩效两组数据放到一起做一个相关性分析，即可以看出其中的规律。

不过，做相关分析的时候要小心一点，就是寻找的数据需要尽可能互相独立。之前有人提到，想分析员工奖金和公司绩效之间的关联性，看是否高奖金能带来高绩效。这样分析会有问题，因为奖金系数本身就是根据绩效来计算的，两者之间当然是一种强关联。为了实现以上目的，把员工基本工资和公司绩效放到一起分析，会更合理一些。

因果分析

做数据分析的目的是希望找到表面现象下面的原因，从而找到解决问题的正确途径。

因果分析可能是数据分析里最复杂的一种。很多人把相关性分析等同于因果分析，这是一个常识性的错误。相关并不一定等于因果。举个例子，夏天来了，你会发现游泳的人数和购买冰激凌的人数这两组数据呈现强相关性，但你并不能因此就得出结论说是因为游泳的人多所以导致买冰激凌的人多。

统计学家们在做因果分析时，一般会有严格的条件限制。要得出两个因素之间存在因果关系，至少得满足两个前提：第一，两个因素在发生时间上存在先后顺序，先发生的为因，后发生的为果；其次，在其他条件不变的前提下，第一个因素发生变化，会导致第二个因素的变化。

举个例子，公司做了一次人才发展项目，你如何证明这个项目是有效果的呢？严格的做法是，首先，收集员工在参加项目之前、期间和之后的绩效表现，观察前后阶段绩效是否发生明显的变化；其次，确保在项目实施期间，员工除了该项目之外，不会受到其他任何外部因素的影响。

更严格的做法是，另找一组同样的员工进行对比。这组人的来源和之前一组完全一样，不同的是他们没有参加任何人才发展项目。假如项目结束之后，前一组员工的绩效提升明显高于后一组，就有了充分的证据来印证该项目的有效性。

之前一位客户曾告诉我，他们在分析一个人才项目有效性的时候，使用了更极端的方法：挑一组明显能力低于平均水平的员工参加项目，之后再和正常水平的一组员工进行对比。假如前一组员工的绩效提升高于后一组，就能更有效地说明项目确实带来了积极的效果。

回归分析

回归分析可以被看作是相关性分析的延续，它也是数据分析中最为重要的方法之一。

相关分析让我们看到不同数据之间的相关性，而回归分析则把这种相关性通过数学公式具体地量化出来。虽然相关分析不能直接解释因果，但这并不妨碍我们通过相关分析实现预测和控制的目的。

比如，我们发现员工人数和公司绩效之间有较强的相关性，然后用数学公式将这种关系表达出来，那么我们就可以推算当公司绩效达到某个水平的时候，员工人数应该处于什么水平。当然，回归分析出来的结果只是一个近似值，并非百分百精准，但足以帮助我们在大多数时候做决策之用。

HR 数据分析中常用的回归分析，分为线性回归和非线性回归。前者包括简单线性回归和多重线性回归，后者包括多项式回归和逻辑回归。有人说，做回归分析最核心的就是找到你想研究的关键问题（Y 或因变量）以及影响它的因素（X 或自变量）。

找准 X 和 Y 可以帮助我们有效地建立起回归模型。比如，为了预测什么人可能成为公司的高潜人才，这里 Y 就是一个人成为高潜的可能性，而 X 可能就包括这个人的学历、专业、性格、胜任力、承担项目数、专业培训经历等。通过回归分析，我们可以找到对 Y 影响最显著的因素 X 都是哪些。

以上便是 HR 数据分析中最常用的分析方法，它们可以帮助你解决日常工作中大部分与数据相关的问题。

6 种常见的 HR 数据分析思维

以终为始思维

数据分析中有一句话叫：数据分析不是免费的。意思就是整个分析过程，包括收集数据、整理数据和分析数据会耗费大量的时间和精力。如何避免浪费时间做无用功？一开始提出正确的问题，搞清楚解决问题的方向就显得尤为重要了。

经常有朋友向我请教一些工作上的问题，我通常会问一句："你做这件事的目的是什么？"先搞清楚去向哪里，再反推现在该做什么，才能确保我们始终在正确的道路上行进。

有同学发给我一堆 HR 数据，问该如何做一份高潜人才的数据仪表盘？我在仔细询问之后，了解到他的最终目的是想做一份报告，告诉老板哪些员工在过去半年里绩效稳定、能力突出，可以进入考虑下一步提拔的名单。在这种情况下，按照员工半年内绩效得分的标准差以及人才盘点中的能力评估高低，排出一个人员名单，基本就能满足老板的要求。

再比如，在对培训的评估分析中，很多时候大家想到的是学员对这次培训满意度的评估，包括物料、讲师、场地、茶歇等。但如果以终为始来看这个问题，我们更应该关注的是这次培训到底给员工带来了什么改变？对业务的影响是什么？能不能拿数字说话，计算出这次培训的 ROI（投资回报）是多少？这才是从老板角度最为关心的问题。

提出正确的问题比解决问题本身更重要。以终为始，可以帮助我们一直提出正确的问题。

金字塔思维

金字塔思维源自麦肯锡，意思是任何问题都可以按照一定的原则进行拆解。层层拆解下来，基本就能够发现问题的根源了。拆解原则的就是 MECE（Mutually Exclusive Collectively Exhaustive）原则，也就是对于一个重大的议题，能够做到不重叠、不遗漏的分类，而且能够借此有效把握问题的核心，并成为有效解决问题的方法。

很多管理模型实际上都是应用的 MECE 原则，比如营销中的 4P（Product, Price, Place, Promotion）模型和组织诊断中的 7S（Strategy, Structure, System, Style, Staff, Skill, Shared Value）

模型。任何一个复杂的问题，按照 MECE 原则做个拆解，你会发现原来问题并没有想象中那么复杂。

之前在课堂上，有位 HR 学员提到自己遇到了一个极有挑战的任务，要在一个月内找到 40 名行业内高水平的销售人员。她接到任务的时候觉得整个事情毫无头绪，后来我们利用 5W2H 原则（如图 1-4 所示）做了一个拆解，工作的重点方向就清晰多了。

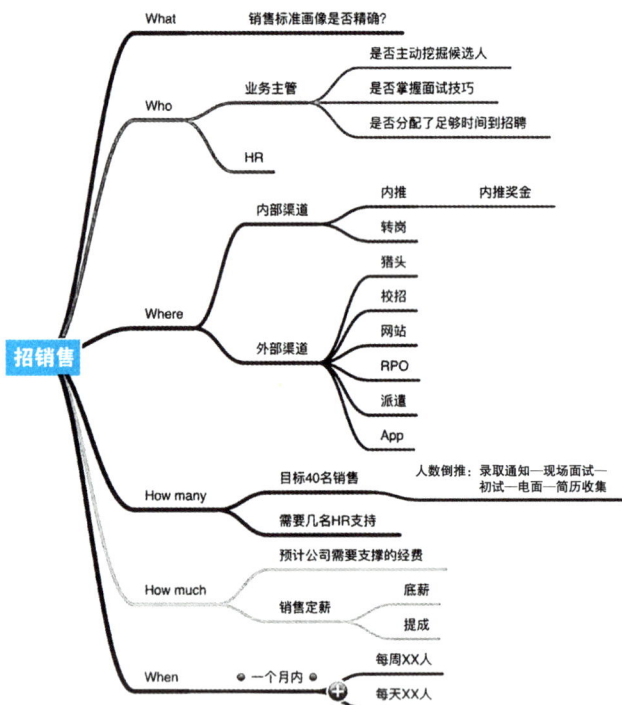

图 1-4　5W2H 拆解原则思维导图

刨根问底思维

　　数据往往反映的是表面现象，突破表面数据深挖背后的原因，才能找到问题正确的解决方案。

丰田公司有一个著名的管理工具叫：连问 5 个为什么。意思就是，遇到任何问题，连续追问 5 个以上的为什么，往往就能触及问题的根源，从而找到最后的解决方法。当然，5 个为什么是比较简化的说法，有时候你会发现可能还没有问到第 5 个为什么，答案就开始凸显了。

曾经有一个 HR 发现公司销售人员业绩下降了，想了解到底该如何解决这个问题。我们一起用连问为什么的方法做了一次分析，当时的分析过程如下：

为什么销售额下降了？（新客户少了）

为什么新客户减少了？（销售转化率减少了）

为什么转化率会减少了？（新销售人员对销售话术和技巧掌握不足）

为什么新销售人员销售技能不足？（销售培训没有达到既定目标）

为什么销售培训没有达到目标？（培训安排匆忙，要求标准不严）

当问到第 5 个为什么时，接下来的解决方案不言而喻：公司应该着手加强对新招人员的入职培训。

大局思维

业务部门的数据分析师一般都不会只局限于解决某个业务环节的问题，而是要从整体上来解决问题。

同样，HR 数据分析师要熟悉招聘、薪酬、绩效、人才、文化等各领域的背景，在实际工作中能够把各模块打通来分析问题，如此才能提出对业务最有价值的解决方案，这就需要分析人员具备从整体来看问题的大局思维。

比如，数据分析中最常见的一种分析方法叫作相关分析，就是你要把不同领域之间的问题结合起来一并分析：薪酬和绩效之间的关系是什么？高薪酬是否带来了高绩效？人员编制和部门业绩之间的关系是什么？团队的高敬业度是否带来了高盈利？等等。

所以，我一直认为，HR 数据分析师在组织内部的地位类似于战略 HRBP（人力资源业务合作伙伴），既要懂 HR 还要懂业务，需要站在组织整体的高度，以贯穿全局而不是仅限单一模块的视角来分析和解决问题。

洞见思维

英文的 insight 一词被翻译为洞见或洞察，即我们看待某件事物时形成的一种独特的见解。数据分析的目的就是要通过分析数据形成我们的洞见，并最终提出有效的解决方案。

做数据分析时，我们常会遇到这样一种情况，明明是在分析某一个问题，但是根据分析结果最后从中又发现了另外一个问题。比如，本来在分析薪资对离职的影响，但后来却发现管理者的领导力才是导致员工离职的最主要因素。

因此，对分析人员来说很重要的一点，是要保持开放的心态，这样才能有效地形成自己的洞见。而且，在形成洞见之后，你要知道你才是最了解这些数据的人。因此，你还要敢于大胆地把它发表出来，并以此向决策层建议相应的行动方案。

我曾经遇到过一个案例，老板让薪酬人员分析某地工厂员工是否需要增加调薪预算。收集上来的数据明显呈现了几个问题：该工厂过去几年人员增长过快，技能无法达到公司的正常要求；员工因为组织文化和上级管理者的原因而离职的比例持续增高；员工的薪酬固浮比例不合理，固定薪资占比过高，不利于公司绩效付薪的原则。

但是，在整个分析过程中，分析人员被自身的专业领域所局限，未能大胆地将上述洞见提出来，向老板给出的意见还是停留在是否该加薪这个单一问题上面，导致结果令老板不甚满意。

右脑思维

人的左脑负责数字、文字、逻辑、运算等理性的东西，右脑则负责声音、颜色、视觉、形状等感性的东西。

优秀的数据分析师会经常在左右脑之间做无缝切换。拿到一大堆数据，你的第一感觉是毫无头绪，但是如果能够将这些数据通过图表呈现出来，就很容看出其中的规律了。

有研究表明，人们接受含有可视化元素的指令比不含有可视化元素的效率高出 323%，阅读高质量信息图表时的理解度要比纯文字高 30 倍。

今天还有一种提法叫作通过数据讲故事，把枯燥的数字和文字通过讲故事的方式沟通给你的听众。试想一下，你经过了大量推算、分析，得出了自己的洞见，提出了相应的解决方案。但是当把这一切向老板汇报时，没有让老板看明白，也没能让老板清楚自己接下来该干什么，这样只会让你的努力功亏一篑。

无法让听众形成下一步行动方案的数据分析无疑是失败的。

有研究显示，今天人类在各种信息的冲击下，其集中注意力时限已经降低到了 8 秒，如何在短短的时间内抓住听众的注意力，是对数据分析师的重大挑战。

利用数据讲故事的关键可以分解为以下几步。

第一步，首先研究自己的听众都是谁，他们对什么信息感兴趣。如果听众级别很高，你的呈现需要越简单越好；如果听众很专业，你的呈现就需要展示相应的细节。

第二步，根据分析目的规划出一条完整的故事线。咨询公司对此有严格的要求，通常检验的方法是把你每页 PPT 的标题串起来，看是否组成了一个完整的故事线。

第三步，为自己的分析数据选择适当的图表。不同的数据图表都有自己特定的场景应用，千万不要混淆。表示时间趋势就用柱形图或线形图；表示大小对比就用条形图；表示相关关系就用散点图等。

第四步，充分运用文字、数字和图表三种元素，来修正自己的故事线。很多时候大家过于关注数字和图表，反而忽略了文字的作用。适当的文字注释可以帮你起到突出重点、画龙点睛的作用。

第五步，简化。通过做减法让自己要呈现的信息突出重点，简化、简化再简化。数据呈现中有一个专业用语叫作"数墨比例"，就是拿你呈现重点数据和观点所用的墨水量去除以你整页纸所用的墨水量，比例越高越好。

表 1-2 就是数墨比例对比，大家可以先感受一下。

表 1-2　数墨比例图

数墨比例低

组别	标准 A	标准 B	标准 C
第一组	$ X.X	Y%	Z,ZZZ
第二组	$ X.X	Y%	Z,ZZZ
第三组	$ X.X	Y%	Z,ZZZ
第四组	$ X.X	Y%	Z,ZZZ
第五组	$ X.X	Y%	Z,ZZZ

数墨比例中

组别	标准 A	标准 B	标准 C
第一组	$ X.X	Y%	Z,ZZZ
第二组	$ X.X	Y%	Z,ZZZ
第三组	$ X.X	Y%	Z,ZZZ
第四组	$ X.X	Y%	Z,ZZZ
第五组	$ X.X	Y%	Z,ZZZ

数墨比例高

组别	标准 A	标准 B	标准 C
第一组	$ X.X	Y%	Z,ZZZ
第二组	$ X.X	Y%	Z,ZZZ
第三组	$ X.X	Y%	Z,ZZZ
第四组	$ X.X	Y%	Z,ZZZ
第五组	$ X.X	Y%	Z,ZZZ

第六步，在有条件的情况下，请他人提供反馈意见。你最终需要达到的目的是让一个对整个事情背景了解不多的人也能够第一时间听明白你在讲什么。

以上即是 HR 数据分析中的 6 种常见思维，结合前一章节中介绍的常见的 9 种分析方法加以反复练习，就可以帮助你的分析能力上一个台阶。

HR 如何通过数据分析来提升人效？

什么是人效？

人效就是一个简单的 KPI，最早以零售行业应用较多，后来逐渐应用到了其他行业。简单以一个词来解释，人效就是平均的人均绩效或者单位绩效。

不同的企业可能会有不同的定义：有的企业是人均的销售额或是营业额、人均利润额，还有的公司以人均的运营费用评估它的人效，费用越低人效越高。

此外，也有的公司会使用更加广义的人效指标，比如以人员费用占总体运营费用的比例评估人效，还有的使用人员增长率，这段时间人员增长和公司整体的利润相比较。

马云在创立中供铁军时，要求人均销售额达到 100 万元。换句话说，公司每增加一个人，就要增加一百万元的收入。再后来的淘宝公司，也有一个类似的人效目标，要求每增加一个人，至少要多产生一亿元的交易额。通过一定比例把交易额换算成收入，大概是 200 万元的销售额。

再看以增长作为人效目标的案例，比如平安集团，要求利润增长率一定要大于营业收入增长，而营业收入增长又一定要大于人力成本的增长。我自己曾经服务过的一家企业也有类似的目标，每年做预算时，就非常明确地提出来人员编制的增长率不能超过公司收入增长率的 50%。

企业在拟定好人效目标以后，可以设立数据仪表盘，定期按季度或月度来跟踪人效目标的实现情况，方便随时发现问题，提出相应的改进措施。

如何开展人效分析？

有了人效的数据，我们又该如何去分析它们呢？有两个维度非常重要：一个是时间，另一个是空间（如图 1–5 所示）。

时间维度下我们经常会比较同比和环比的数据。今年 2 月比去年 2 月增长多少，这是同比；今年 2 月比今年 1 月增长了多少，这是环比。

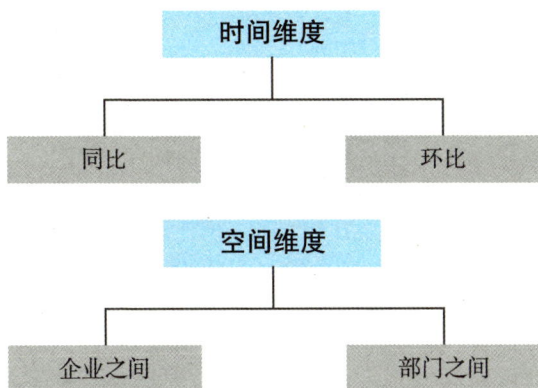

图 1-5　时间、空间维度

　　同样，空间维度也要进行对比。相对于其他企业，你的数据表现是怎样。原来我在汽车行业，所在细分行业前几年增长很快，年平均增长率达到30%，如果你增长了20%，看上去很高，但是跟行业比还是不合格。此外，空间维度还包括了企业内部各部门之间数据的比较。

　　我们来看一个案例的数据（如表1-3所示），你该怎样分析它的人效？

表 1-3　某公司 6 年各项成本数据

年份	项目				
	营业额 （万元）	净利润 （万元）	成本/费用 （万元）	人数（人）	人力成本 （万元）
2013 年	160,200	8,280	145,800	1,300	20,340
2014 年	230,400	9,000	218,700	1,600	18,295
2015 年	344,700	27,000	316,800	1,900	21,173
2016 年	449,100	38,764	395,181	3,600	33,023
2017 年	531,301	47,971	473,817	4,600	41,729
2018 年	568,833	37,919	529,053	5,300	46,188

　　数据看上去比较复杂，我们把它用可视化的形式来展示（如图 1-6 所示）。

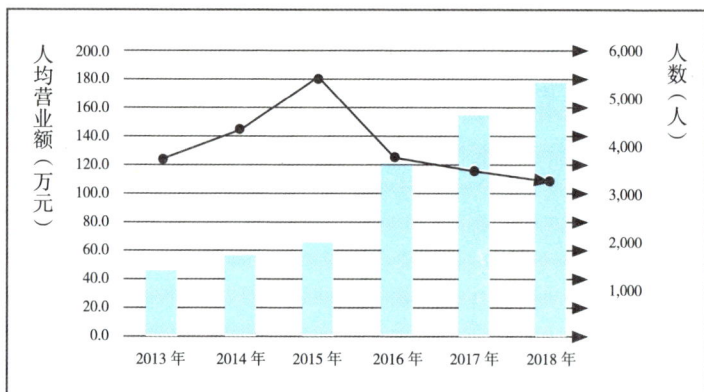

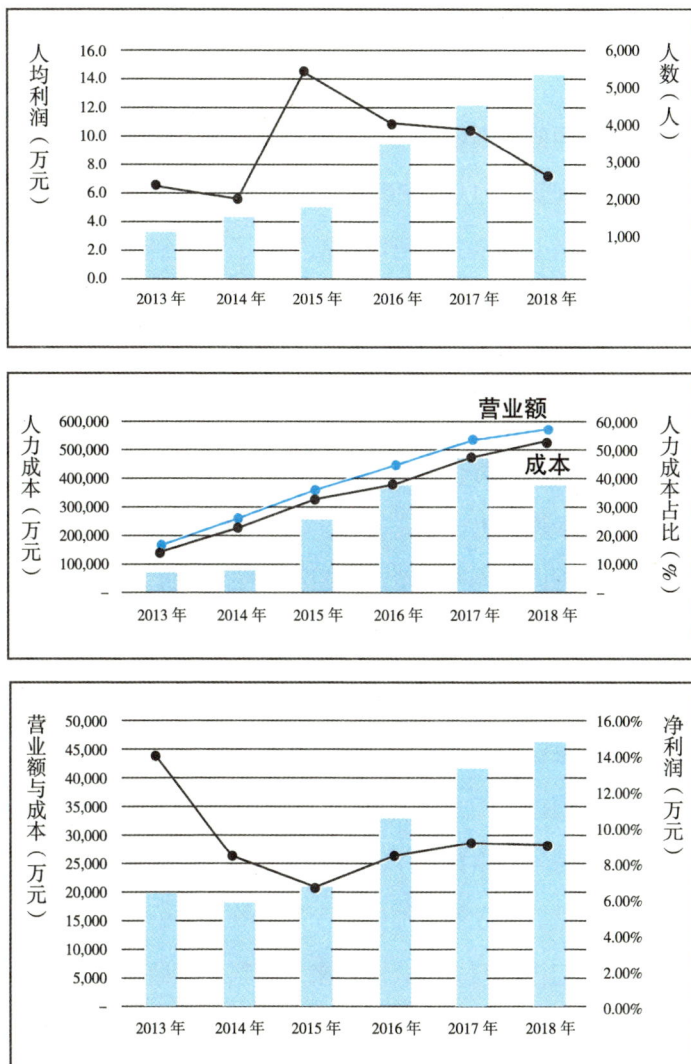

图 1-6　营业额、利润和人力成本占比图

第一幅图可以看到人数在增加，但是人均营业额在下降。第二幅图显示，人均利润额也是在下降的。

造成上面的原因是什么呢？我们来看第三幅图，发现营业额虽然是在增长，但是后期增长速度减缓，而另外一方面整体成本一直在呈上升趋势，所以这就导致了公司整体利润下跌。此时，公司还在不断增加人员数量，当然就造成了人效的降低。

我们再看一下人力成本占运营成本的比例变化趋势。从第四幅图上可以看出，人力成本占比一开始有下降，但是后面又开始缓慢上升。这对企业来说可能不是个好消息，需要想办法把人力总成本降下去。

我们还可以做一个简单的回归分析（如图 1-7 所示）。简单来说，就是通过回归的方式来发现两组数据之间是否存在相关性。

大家注意这里只是讲相关性，还没有讲他们之间存在因果性。假如我们把员工人数当成一组数据，比如说 X，然后公司的利润当成另外一组数据 Y，两组数据做一个散点图，可以看到公司利润随着人数的增加先是上升，然后开始下降。

如果我们把回归方程式求出来，找到利润最高点对应的人数（X 值）是多少，这就意味着，在其他条件不变的情况下，当人数达到这个值时，利润是最多的。这是一个理论值，这个人数可能就是我需要参考的一个理想数字。在这个公式中，很容易算出来 X 大概是 4200 左右。

时间点	T1	T2	T3	T4	T5	T6
员工人数	1,300	1,600	1,900	3,600	4,600	5,300
净利润（万元）	8,280	9,000	27,000	38,764	47,971	37,919

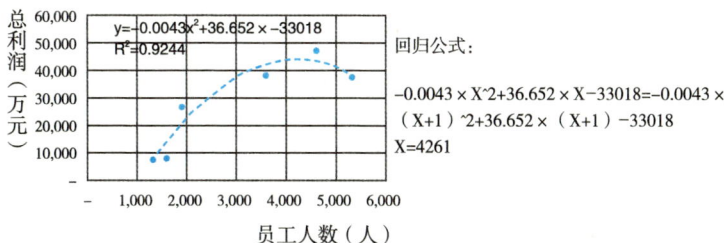

总利润（万元）

$y=-0.0043x^2+36.652 \times -33018$
$R^2=0.9244$

员工人数（人）

回归公式：

$-0.0043 \times X^2+36.652 \times X-33018=-0.0043 \times (X+1)^2+36.652 \times (X+1)-33018$
$X=4261$

图 1-7　回归分析图

接下来我们看看空间维度。很多人比较困惑，该到哪里去找其他企业的数据，我在这里给大家提供四个渠道：

第一个是行业内的上市公司，因为上市公司的数据、年报是公开的，翻年报你就可以找到相应的财务指标和人数；

第二个是行业协会；

第三个是我们的招聘人员，他们可以利用招聘的机会很方便去获得竞争对手的信息，比如对手的组织设置、人数、销售额等；

第四个是花钱找咨询公司做专门的调研，除了你自己花钱，其他参与调研的公司可以免费获得数据，最后的数据信息都是匿名的，你至少可以看到行业的标准应该是什么样子。

怎样找到上市公司的数据？在这里给大家一个最简单的方法，我经常上新浪财经，每一家上市公司都可以找到。通过企业的股票代码找到它的年报，里面关于企业的财务数据、部门人数，事无巨细全都有。你还可以根据这个企业所在板块，找到同类其他各家上市企业的数据，相信这些数据可以帮助你做一些很好的人效对标的。

常用的数据分析思维

有了数据之后，接下来该如何分析问题？在这里给大家介绍三个最重要的数据问题分析思维。

第一个思维叫金字塔分析法，举个例子，我遇到一家公司，有段时间他们销售的人效不是很好，但是不知道该如何着手分析。我们就可以按金字塔法从销售额上一路分解下去，最后比较容易看到，哪个环节的销量发生了下降，方便我们后面做调整（如图 1-8 所示）。

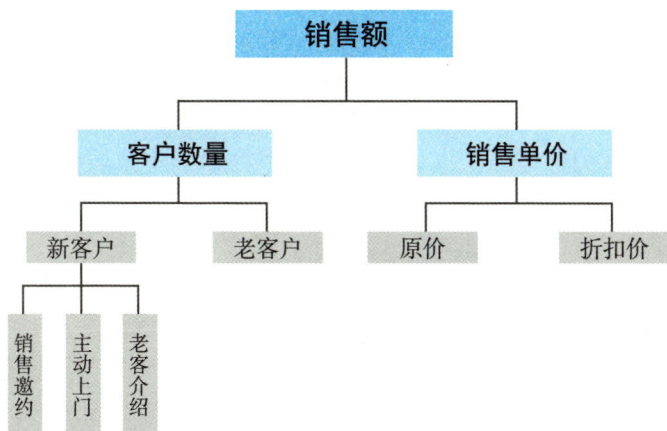

图 1-8　金字塔分析法

第二个思维叫 5W2H。就是任何问题都可以做以下提问来分析：什么原因（Why）、什么事（What）、什么人（Who）、什么时间（When）、什么地方（Where）、How（怎么回事）以及 How much（什么价格）。

举个例子，我们在分析上面的销售邀约的时候，你可以用 5W2H 分析：都邀约了什么人？这些人都是从哪里邀约来的？什么时候邀约的？以什么价格邀约来的？等等（如图 1-9 所示）。

图 1-9　5W2H 思维模型图

　　第三个思维是 5WHY。连续问 5 个为什么。这个方法最早来自丰田汽车，一般遇到很多问题时，你如果连问 5 个为什么，通常最后这个答案就浮现出来了。

　　比如，为什么销售额下降了？因为新客户减少了。为什么新客户减少了？因为销售转化率减少了。为什么销售转化率减少了？因为新来的销售人员销售技巧掌握不足。为什么掌握不足？因为对他们的培训未达到既定目标。为什么没有达到既定的目标？因为前段时间 HR 人手不够，没安排好。如果分析到了这一步，基本上你就知道接下来该怎么做了。

在做绩效的分析时，还有一个常用的模型叫吉尔伯托行为工程模型（如表1-4所示）。它把绩效问题原因分为两大类：第一类属于环境类，包括信息、资源和激励；另一大类属于个体类，包括知识技能、能力和动机。

表1-4　吉尔伯托行为工程模型

	信息	资源	激励
环境	·对工作的确切和清晰的期望和标准； ·参照工作的明确的、及时的绩效反馈； ·能获取所需数据、信息的畅通渠道	·工具、系统、流程； ·充足的时间； ·专家或专家体系； ·充足的、安全的附属设施	·分现金或非现金类、有形或无形的奖励、认可、晋升以及处罚； ·不止针对某一个人，而是针对工作环境下的所有人
	知识／技能	能力	动机
个体	·通过更多、更好的培训、发展机会、任务指派、参与研讨和会议，获取知识和技能	·包括个人特点，性格特质，倾向性，心理和情绪局限	·对工作和工作某个方面的价值认知； ·把工作做好的态度、信心、意愿

当组织发生绩效问题的时候，通常原因都可以从这两大类、六个维度去分析。国外曾经有研究发现，当组织发生绩效不佳时，大家通常都容易从员工个体去找原因，而实际上，75%的绩效问题都是因为环境类的原因，只有25%属于个体

类的原因。

数据分析原则

最后，我们分享一下做数据分析的原则。

第一个原则，任何数据如果没有比较（空间和时间维度的比较）是没有意义的，所以叫无比较不分析。

第二个原则，做分析时一定要确保数据的一致性。有时候各家企业对数据的定义可能会不一样，比如说计算离职率。你在做时间维度对比的时候，只要能确保所有数据是一致的，后面都不会有大问题。

第三个原则，分析一定要结合组织的战略目标。比如，如果你的公司目标就是要追求营业额或者销量，那么你把重点放在利润分析上就没有太大意义。要想清楚组织要什么，然后再开展分析。

最后一个原则，分析的结果一定是要落实到某个行动上，不要为了分析而分析。如果你分析的原因很好，但是无法转化为可实施的行动，这样的分析还是失败的。

作家冯唐在一本书里提到自己在麦肯锡工作过十年，然后把麦肯锡的方法论高度总结成为一句话：以事实为基础，以假设为驱动，同时兼具逻辑性和真知灼见。我把这句话稍稍修改了一下：以数据和事实为基础，以假设为驱动，同时兼具逻辑性和真知灼见。

我自己在做数据分析的课程时接触了很多学员，你会发现分析做得好的往往是那些拥有自己的一套逻辑以及对事物有真知灼见的学员，而这来自他们平时对周边事物的敏锐观察，以及在人力资源领域内的长期积累。

HR

第二章

组织发展

为什么越来越多的领先公司
不再把人力部门叫作 HR？

人力部门的命名体现公司文化

不知道大家有没有注意到一个现象：谷歌的人力资源部门并不叫 HR，而是叫 People Operations，翻译成中文叫"人力运营部"（其人力运营部门架构图如图 2-1 所示）。如果再把视野扩大到更多的一些顶尖科技公司，你会发现这种对人力部门命名的创新并不仅限于谷歌。

比如，优步（Uber）也称自己的人力部门为 People Operations，脸书（Facebook）把人力部门叫作 People，爱彼迎（Airbnb）叫 Employee Experience（员工体验部），Salesforce 公司叫 Employee Success（员工成功部），奈飞（Netflix）则把人力部门叫作 Talent（人才部），等等。

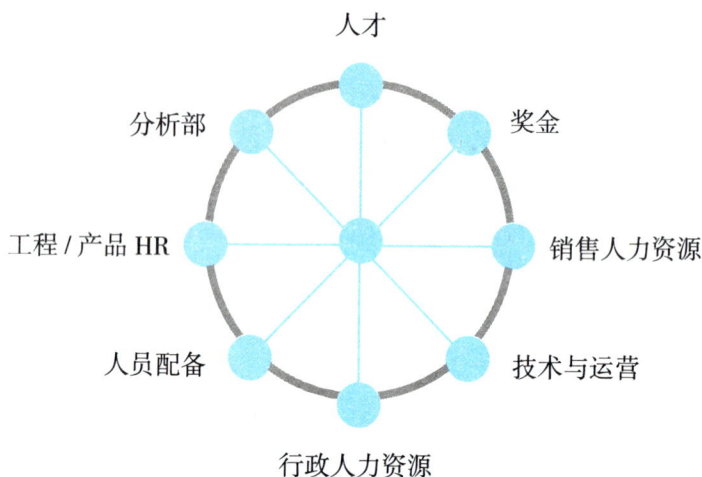

图 2-1 谷歌的人力运营部门架构图

这些领先的科技创新型公司把传统的人力资源部改头换面，到底是为了噱头还是背后有其他的原因？

我仔细分析了这些新部门的名称，发现它们大概可以分为两大类：一类叫人力运营（Operations），它强调的是人力资源应该像业务部门一样运作，也就是市场主导、数据驱动、盈利为先等。谷歌的前任人力VP（Vice President，副总裁）拉斯洛曾经在《重新定义人才》（*Work Rules*）一书中提到谷歌命名人力运营部背后的真正原因：

"在谷歌，我们寻求颠覆所有的传统思维和语言。人们总会把 HR 视作一种事务性和官僚性的工作职能部门。与此相反，在谷歌这种工程师文化主导的公司，工程师们会把'运营'视作一个值得信赖的职能，因为它意味着你能够真正地去解决问题。"

还有一类叫 Employee（员工）或 Talent（人才），企业使用此种命名更多强调的是员工在组织整个就业生命周期里所能够享受的全过程体验。借用 Netflix 公司对自家人才文化的一个定义来解释就是：

"我们的核心理念是人员高于流程。特别地，我们希望所有优秀的人才可以一起工作，组成一个梦之队。通过这种方式，我们希望组织更加灵活、有趣，更富有激励和创新性，并能获得成功。"

换句话说，这些公司人力部门的一个主要目标就是把每一名员工在公司的就职全过程视作一个体验，员工在从入职、发展到离职的整个就业周期过程中都能够获得相当良好的体验。员工如果体验不佳，又谈何创新呢？

人力部门的"创新"

无论采用哪种名称，这些科技创新型公司无非希望它们的人力部门突出在新的互联网科技环境下与传统人力部门的区别。因为新经济下更加突出的是员工个体，组织的成功比以往任何时候都更依赖于每一个员工的创造力。

传统的工业企业之所以成功，可能多少会依赖于工艺、流程和设备，而今天创新性企业的成功则完全依赖于每名员工个体：从产品设计到工程开发再到营销都是如此。

比起从前，今天的知识型员工也对自己的职业发展道路有了更大的自主掌控权。传统那种长期待在一个公司，靠着固定的职业发展路线一步一步爬格子的现象已经越来越不合时宜。从组织角度而言，为员工营造更加积极的工作环境并创造更积极的个人体验，成为发展和保留员工的关键之举。

无论采用哪种名称，这些行业内领先的公司都希望自己的人力部门在以下方面和传统人力资源部门做得不一样。

一、从战术到战略

优秀的人力团队不光要在战术层面解决业务部门的日常问题，而且还应在战略层面真正成为业务部门的合作伙伴。科技行业一日千里，故步自封、只看眼前的人力部门最终只能沦为组织内部一个简单的任务执行单位。

二、从局部到整体

传统的人力资源部门设置突出专业性和模块化，招聘、培训、薪酬和 HRBP（企业派驻到各业务部门或事业部的人力资源管理者）等分门别类，界限清晰。新组织形式更强调员工个体端到端的体验，如何确保员工从入职开始一直到离职为止的全周期内都拥有良好的个人体验。

人力专员需要具有洞察全局的视野和掌控全局的能力，只有打通所有人力模块才能实现这种可能。如果只是铁路警察各管一段，员工个体的工作体验就不会好。

三、从被动到主动

传统的人力部门被动接受来自业务部门的指令，新组织形式下更强调人力要主动地前瞻性地看问题，并积极拿出有效的解决办法。奈飞公司招人从来不是为了当下的某个"坑"而招人，而是一步看到至少 6 个月以后，前瞻到组织未来需要什么样的人才，为组织的未来而招人。

启示

也许，对于大部分企业而言，马上就把 HR 部门改名还不够现实，但是，前面所列举的这些公司的经验可以给我们带来以下几点启示。

一、打造一种以人为先的文化

德勤在 2018 全球人力资本趋势报告中提到，在 21 世纪，职业不再只由工作和技能来定义，而是通过经历和学习敏捷度来定义。工作的持续转型、对人才和组织持续提升能力的需求以及员工偏好的转变都要求企业在学习、工作设计、绩效管理和职业发展方面采取新的方法。

为了创造出最佳的员工经历和体验，需要对员工抱有客户思维，把员工当成公司产品的客户那样，设计员工从入职到离职的全周期流程和项目。

我曾经和腾讯的 HR 朋友聊过，他们的 HRBP 与全部员工人数的比例比正常企业高很多。我当时颇为不解，按理说腾讯这样的公司支持系统高度发达，HRBP 人数应该比别人少才对。后来经朋友解释我才明白，这大概正是腾讯应用了互联网的产品思维，把 HR 模块当产品、把员工当客户的结果。用这位朋友的话讲，腾讯的 HR 对员工简直是无微不至地呵护，把员工就职从招聘、薪酬到绩效每一环节的 HR 服务都做到了极致。

二、数据驱动决策

大部分公司的 HR 都喜欢研究别人的最佳实践，方便之后拿来依样画瓢。但谷歌的人力部门则宣称自己的每一项决策从来都不是来自最佳实践，而是完全靠数据驱动。谷歌的数据驱动决策到了何种极致？拉斯洛曾经在《重新定义人才》一书中提到：为了帮助员工在餐厅排队时最大限度地利用排队时间与周围人交流，谷歌人力部门专门分析了员工排队候餐的数据，得出最理想的排队时间，并重新设计了员工餐厅布局。

只有严格通过数据决策，才能有效打消其他部门的质疑，让每一项人力决策都有理有据，把投资在人力上的每一分钱都花到刀刃上。

三、自身的敏捷创新

世界在变，人力部门本身也要随时准备像业务部门那样打破常规、革新自己。借用一句达尔文的话："能够生存下来的物种并不是那些最强壮的，也不是那些最聪明的，而是那些对变化做出最快速反应的。"

一文讲透组织绩效管理

绩效管理对很多人来说既重要又头疼，尤其是年终的绩效考评。在很多公司，这已经沦为了一种纸面形式。每个人都必须完成这项规定动作，但是至于员工的绩效考核结果是否合理、绩效结果是否真正反映到了 HR 日常管理流程中、组织绩效是否在下一年得到了提高等，并没有太多人去关注。同样的工作，年复一年，循环往复。

很多公司都有自己的绩效制度，但为什么最后的效果不佳呢？

我认为，看一项绩效制度是否有效，可以从以下八大维度去检验。任何一个维度的工作没有做到位都有可能导致最后的绩效工作流于形式、功亏一篑。

管理者才是绩效管理的第一责任人

很多人会误认为绩效管理的第一责任人是 HR。

在很多公司，绩效管理和招聘、薪酬福利、培训发展等职能一起，都归 HR 管辖，于是大家就自然地把 HR 视作一个公司绩效管理流程的第一责任人。一旦发生绩效问题，责任统统都推给 HR。

事实上，组织中的每一级管理者才是绩效管理的第一责任人。

为什么这么说？我们首先来看看绩效管理管什么。绩效管理的对象就是组织绩效，可以进一步分解为部门绩效和个人绩效，也就是业务的绩效。业务做得好不好，最重要的责任人是业务的直接实施者，也就是各级管理者。

业务管理者是每天冲在第一线的人，对组织的业务结果直接负责。业务出了问题，他们需要第一时间拿出解决办法，他们才是真正的第一责任人。

那么，在这个过程中 HR 起什么作用呢？ HR 主要对管理者起支持作用，他们设计公司统一的绩效管理制度和流程、制订绩效考核标准和推进绩效结果应用，帮助管理者更好地实现自己的绩效目标。

如果这个主次关系没有分清，就容易出现公司绩效管理方面的很多问题：管理者把绩效管理的所有工作扔给 HR，到年底需要进行绩效考核了自己才来关心一下，平时反而忽略了对团队内部绩效的跟踪、对团队成员绩效能力的辅导以及与兄弟业务部门一起对组织绩效目标的沟通和协同。

因此，就如同人员管理一样，绩效管理也是每个业务管理者的基本责任。

组织绩效目标的设定

组织绩效目标要结合组织的发展愿景和战略来分阶段设定。

绩效目标设得过高，让人看不到实现的可能性，员工会觉得实现起来犹如水中捞月，最后失去工作动力；绩效目标设得过低，员工轻轻松松就能完成，没能发挥出组织的最大潜力，对组织的未来发展毫无益处。

那么，整个组织的具体绩效目标应该设置在什么水平？

我自己的经验是可以参考两个维度：对内，今年的目标一定不能低于去年，比如，去年产品的市场占有率达到了 5%，那么今年的市场占有率至少要大于 5% 甚至更高；对外，今年的目标一定不能低于所在细分市场的发展速度，比如，今年预计所在细分市场的整体销量增长为 15%，那么本公司的产品销量增长目标就要至少定为 15% 以上。

在具体的目标类别方面，按照平衡积分卡的原则，需要包括财务指标、流程指标、客户指标、组织指标等。

财务指标直接衡量组织的绩效结果，比如销售额、利润率、投资回报率等。但是，财务指标大多是滞后性指标，也就是说只有等当期业务结束之后才能知道具体的结果是什么。假如在经营期间就已经开始出现问题，等到期末的财务指标才反映出问题的话可能为时已晚、来不及补救了。

流程指标可以视作实时指标，可以随时反映企业在经营过程中出现的问题，便于企业及时发现、及时诊断、及时解决。常见的流程指标包括：产品周转率、应收账款周转率等。

客户指标主要包括客户满意度、售后服务满意度、产品满意度等。组织指标包括组织健康度、员工敬业度等。

绩效目标的数量并不是越多越好。一般经验告诉我们，把目标控制在 7 项以内是一个合理的水平。目标数多了，容易让组织失去工作重心、分散工作资源；目标数太少也不好，无法保证对业务的整体有效覆盖。

在目标有效性方面，可以参考著名的 SMART 法则，即目标必须符合 5 个标准，分别是：S（Specific）代表目标具体，M（Measurable）是可以量化计算，A（Attainable）是有可实现性，R（Relevant）是业务相关性，T（Time-bound）是时间性。

在具体设定过程中，可以把每一项目标都列出来，用SMART 清单来一一对照。

组织绩效目标的分解

一旦制定了整体的组织绩效目标，接下来就是把该目标进一步分解到各个部门和人员头上。

没有有效的目标分解，组织能做的只是把目标贴在告示栏里，对所有管理者和员工没有丝毫触及，也无法去影响他们的日常工作。

绩效目标分解的关键是需要组织的各个部门协同合作、共同完成。

完成绩效目标不是哪一个部门、哪一个团队或者哪一个人的责任，是需要所有人同心协力、相互合作、步调一致地完成目标。我之前工作过的一家公司，每年年初中国区领到来自国外总部的任务目标后，中国区 CEO 都会把所有部门的负责人和骨干召集起来，用整整一天时间来做目标分解。

在目标分解会议中，各部门之间充分讨论、协商，确保所有人对组织整体目标和各部门的分解目标充分沟通、充分理解，最终便于各部门未来可以协同作战、共同完成组织目标。

有效的组织目标分解分为横向和纵向两个方向。

首先，横向的绩效目标分解要求把一项整体目标具体地分解到各相关部门。

如表 2-1 中的某公司组织目标分解案例所示，假如某公司当年的一项绩效目标为实现销售额 ×× 亿元，则根据关键业务流程可以一步步推导出相应的关键绩效指标及负责该绩效指标的业务部门或团队。

当所有的组织目标分解完成之后，分解结果可以显示在表 2-1 所示的矩阵表中，各业务部门对实现组织绩效目标的责任一目了然，这样也便于业务部门看到整个组织目标的全景图，方便未来部门之间的横向协作。

完成了组织目标在各业务部门和团队之间的横向分解之后，接下来便进入绩效目标分解的第二步，即将部门目标进一步纵向分解到部门内的每一个团队或员工身上（如图 2-2 所示）。最终原则是：每个团队或员工的业务指标相加应该等于部门的总绩效指标。

表 2-1 某公司的组织目标分解图

组织整体目标	关键业务流程	关键业务绩效指标	涉及部门或团队
全年完成销售额 ×× 亿元	销售管理流程	· 零售销售额 ×× 元 · 大客户销售额 ×× 元	销售部
	售后服务管理流程	· 售后销售额 ×× 元 · 客户满意度市场排名第 N	售后部
	市场管理流程	· 品牌市场影响力市场排名第 N · 新产品发布会成功举行	市场部
	经销商管理流程	· 经销商店铺数量 ×× 家 · 经销商能力培训	网络发展部
	人员管理流程	· 按区域分布和经销商数量配置的销售人员数量 ×× 人	人力资源部

绩效类别	组织绩效目标	销售部	售后部	市场部	网络发展部	人力资源部	…
销售类	年销售额 ×× 亿元	√	√	√	√	√	
	年销售利润 ×× 亿元	√	√		√		
	售前客户满意度	√		√			
	…						

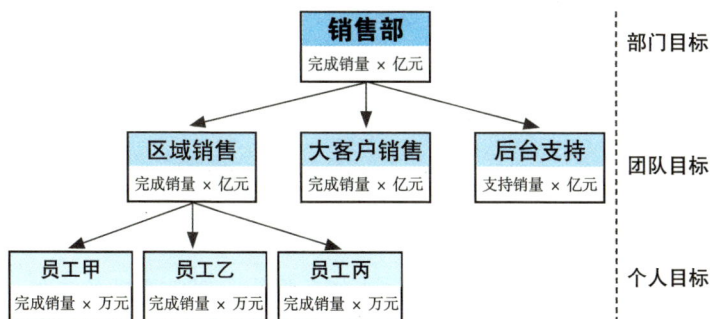

图2-2　部门目标的纵向分解

通过以上方式，便能一步步将组织目标有效地分解到每名员工身上。

绩效目标的追踪

一般而言，对绩效的追踪体系分为两个层面：组织层面和员工层面。

一、组织层面

组织的绩效目标不是年初设定之后就一成不变的，而是需要根据组织对内和对外的密切关注和变化情况，进行滚动预测，随时准备予以调整。对内主要是关注自身的经营发展，对外主要是关注所在行业或市场的整体发展态势。

这是我曾经历过的一个真实的企业案例：企业年初制定当年销售额为 90 亿元，但在当年实际的经营过程中，外部市场发展超出预期，竞争对手屡创业绩新高，该企业在年初保持着市场第四的地位，假如按照 90 亿元推算，到年底恐怕连第六都保证不了了。最后，该企业在 12 个月内连续几次调高当年销售目标，最终年底实现了超过 94 亿元、市场排名第五的成绩。

二、员工层面

绩效目标落实到个人之后，组织绩效管理工作却并不应止步于此。目标制定得很漂亮，但是如果缺乏有效的监控和追踪体系，也会让组织的绩效目标变成一纸空文。

实施了有效绩效追踪体系的企业都不会等到一年结束之后才对员工进行绩效考核，他们的绩效考核会在一年之中进行多次。有的是半年一次，有的是每季度一次。

增加绩效考核的频率会给管理者和员工带来额外的工作负担，但是这样做的好处是管理者可以随时了解员工的绩效目标完成状况，并根据实际情况对员工施以援手，以帮助员工及时调整或完成绩效目标。

从员工管理的法律风险来看，这样做也有一个好处，可以及时发现员工绩效中的问题，对员工做出相应的培训或调整，避免最后因问题积累到不可解决的地步再来调整员工所带来的法律风险。

绩效结果的评估

对员工绩效结果进行数字量化评价的组织通常会通过两个维度来评估绩效。

第一个维度是硬指标，即绩效目标 KPI（Key Performance Indicator，关键绩效指标）的完成结果。这部分一般都可以通过数字量化表示，一项工作完成了百分之多少，最后得分就是百分之多少，对管理者来说也比较容易操作。

另一个维度是软指标，即绩效目标完成的过程，主要指员工在完成工作的过程中所展现出来的行为是否符合公司文化和价值观的要求。这一部分往往是容易被管理者所忽视的。

管理者最常见的偏见是只看员工的结果，一美遮百丑，结果完成得好就什么都好。但实际上，只看结果是一种短视行为，对一个企业的长期可持续发展来说，更重要的是看其团队、文化和价值观等的发展。

越来越多的企业把对员工的文化和价值观要求摆到了和业务目标同等重要的地位，比如阿里和京东。2016 年中秋节，阿里开除了几位自己写代码抢公司月饼的程序员，可以充分看出阿里对企业文化和价值观的重视程度。

一种简单的绩效结果评估可以用九宫格来完成（如图 2-3 所示），这是我之前服务过的一家公司采取的绩效评估矩阵。

工作结果
（What）

	低	中	高
高	合格	良好	优秀
中	一般	合格	良好
低	差	一般	合格

工作过程
（How）

图 2-3　简单绩效评估九宫格

或者稍微复杂一点，如另外一家公司的绩效结果评估就突破了九宫格的形式（如图 2-4 所示）。

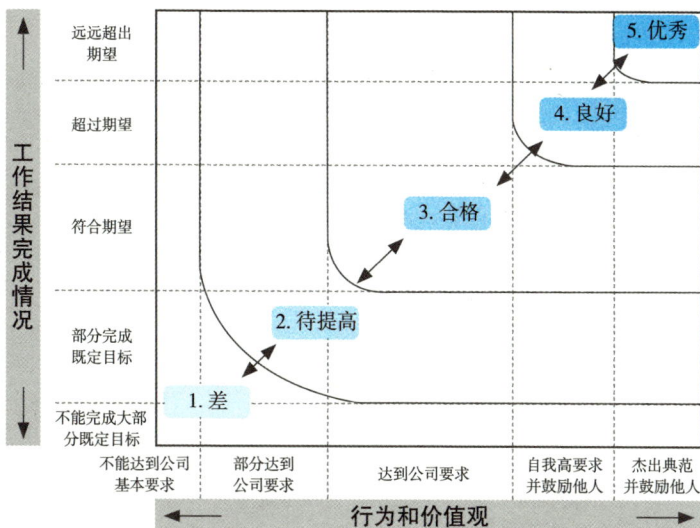

图 2-4　复杂绩效评估九宫格

从图 2-4 中可以看出，这是一家对员工的行为和价值观要求非常严格的公司。一名员工如果在行为和价值观方面没有达到公司的基本要求，哪怕业务指标完成得再好，仍然会获得绩效结果为"差"的评价结果。

不管用哪种方式，最重要的是注意两点：第一是对衡量标准要定义清晰；第二是加强对管理者的培训。因为软指标的维度很难量化，所以需要管理者具备足够的成熟度和敏感度，这样才能确保最后给员工评估出来的结果公平公正。

绩效结果的校准

对员工的第一轮绩效评估结果出来之后，管理者需要对评估结果进行校准：管理者们要确保在部门和组织层面都遵循了同样的原则对所有员工进行评估，这样可以避免管理者因尺度不一出现对员工不公平的现象。

做绩效结果的校准有点类似于调薪，也需要组织中由下而上，一层层递进，最终让校准工作覆盖整个组织。每一层级的校准会议有不同的业务管理者和 HR 来负责。具体的校准会议层级分布如图 2-5 所示。

为了确保绩效校准会议的高效进行，我主持这类会议的经验是：抓住两头，放过中间。也就是说：把绩效评级最好和最差的那些人挑出来，放到同一个桌面上来，让所有的业务领导者对他们进行逐个讨论。鼓励参会者之间的互相质疑和挑战，最终目的就是确保大家按照组织的统一标准，保证最后的绩效结果公平公正。

步骤	负责人	支持
第三步 组织内部对标	CEO	HR 总监
第二步 部门内部对标	部门总监	HRBP
第一步 经理打分	直线经理	HRBP

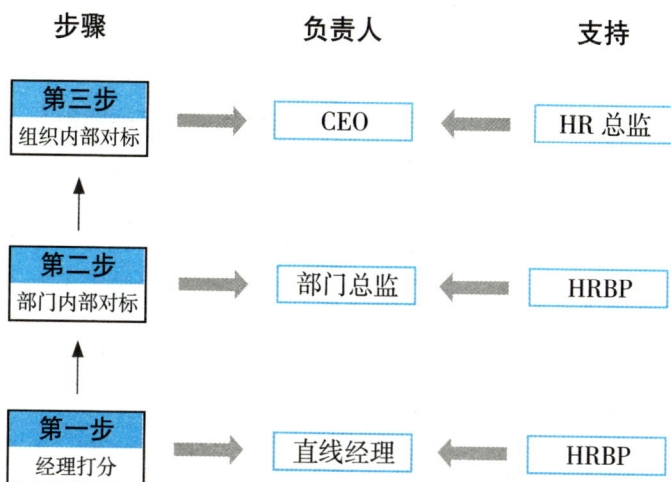

图 2-5　绩效校准会议层级分布

绩效考核结果的应用

　　绩效考核的结果需要及时运用到人力资源管理的各项流程中去，包括薪酬和福利、培养与发展、晋升提拔、人才盘点等，以此建立起绩效和其他各个主要管理流程之间的联系。只有这样，才能帮助员工集中精力，主动地去完成公司所要求的各项绩效任务。

考核结果最直接的一个应用就是工资调薪和奖金分配。绩效最好的员工可以在年终拿到最大幅度的调薪和与其能力水平相适应的奖金。在组织整体调薪和奖金预算固定的前提下，有人拿得多，势必有人就拿得少。通过运用绩效考核结果这种差异化分配方式，可以达到奖优罚劣的效果。

绩效结果的另一个应用是对员工的晋升。如果绩效平平的员工在组织内部依然能够得到提拔机会，传达给其他员工的信号就是绩效管理在走过场。

华为在干部提拔上实行"赛马而不相马"的原则，也就是绝不会因为某个员工有所谓的"管理潜质"而去刻意培养和提拔，而是把工作绩效作为干部标准的必要条件和"分水岭"。只有绩效排名前 25% 的人才可以被提拔为干部。

员工绩效结果的改进

绩效管理的最终目的不是评定出绩效的三六九等，而是要帮助员工提升自己的绩效，最终推动实现整个组织的绩效。

员工的一线管理者在帮助他们提升绩效方面具有排第一位的责任。管理者不应该每次等到绩效评估的时候才去关心员工的绩效，才去为员工的绩效提升出谋划策，而是应该把员工的绩效辅导融入自己的日常工作中去，随时发现问题，随时帮助员工提出对策。

从这个角度看，HR 有责任为管理者及时提供培训，帮助管理者掌握必要的辅导技术。善于辅导员工的管理者的身份看起来更像一名教练，他们能够帮助员工更清晰地认识自己，激发出员工的潜能和上进心，从而帮助员工自发地提升工作绩效。

现在很多敏捷组织中出现的绩效管理新趋势之一，就是强调绩效管理不应该是一年一次或一年几次的一个活动，而应该是贯穿一年始终的、实时的管理流程。"活动"和"流程"的区别就在于，活动是临时性发生的，而流程是随时随地的一种要求。

为了实现管理者随时随地对员工进行绩效反馈的目的，很多公司都开发了专门的实时反馈应用软件。可口可乐和 GE 的朋友告诉我，他们的公司都为管理者上线了这种工具。根据德勤的年度人力资本报告，实时反馈工具的产品市场规模今天已经超过了 3 亿美元，而且每年以 100% 的速度增长。

通过强调绩效的实时反馈，很多公司改革了原有的绩效管理模式，不再像过去那样每年搞一次或几次由管理者主推的绩效管理，而是把绩效管理变成一种持续的、开放的、以团队或员工为中心的和注重员工职业发展的一项流程。

小企业如何做好绩效管理?

一位朋友在读完前面的《一文讲透组织绩效管理》后,给我发来一个问题。原话大致是这样的:

"绩效管理的操作流程写得很清楚,但是我还是不懂如何在小企业应用。小企业面临几个问题:老板不懂绩效,做绩效就是觉得它可以帮助销售人员提高业绩,像万能钥匙一样;公司没有绩效战略,只有业绩指标;绩效指标的分解简单粗暴,不关注关键业务流程,不懂得部门协作;小企业员工素质可能也没有名企和大公司的那么强。所以,我的疑问是:绩效不能达标是人的问题还是绩效实施的问题?"

我之前写的那篇文章确实在管理流程方面借鉴了很多大跨国公司的标准做法。那么问题来了:如果是一个人数不多的小企业,还需要以前文所述的形式搞绩效管理吗?

在我看来，绩效管理只有做得好与不好的问题，而不存在该不该做的问题。小企业比大公司更容易做好绩效管理，因为人数少，组织业绩目标更容易制定和下达；团队之间的"部门墙"更容易打破，更容易实现团结协作；每个人平时的绩效表现一目了然，绩效管理做起来更直接。

可是，在这种情况下，为什么有些小企业会像本文开头那位朋友提到的那样，反而搞不好绩效呢？这就要根据小企业自身的特点对其绩效管理做出具体分析。

我认为，小企业具有规模小、人数少的特点，要做好绩效管理，可以暂时忘记烦琐的常规管理流程，先把整个管理流程做得越简单越好。

同时，注意把重点放在以下三个方面：目标设定、目标分解和目标应用。

目标设定

绩效管理始于组织的业绩目标管理。无论企业规模大小，首先要有一个目标。

大公司除了一年以内的短期目标，一般还会制定三到五年的长期目标。小公司最重要的任务是先存活下来，能不能活三五年还不一定，所以一般目标都会定在短期或者一年之内。

合理的业绩目标会给企业带来几个方面的价值：第一，帮助企业顺利地经营下去，最好还能发展壮大；第二，为企业内部成员指明方向，有利于他们之间互相协作，共同完成企业目标；第三，为将来在企业内部实现公平公正的人员配置和薪酬分配做好铺垫。

企业业绩目标主要是指基于企业的愿景和价值观，在企业经营发展过程中需要达到的市场竞争地位以及因此需要实现的增长。通常包括总体规模、市场份额、盈利状况、客户认可等纬度。有了组织的总体目标，就可以依次往下分解目标所对应的关键业绩指标（KPI）了。

如何保证组织目标的合理性是这一步的关键。目标不是一拍脑门想出来的。如果目标可以轻易实现，那么它对企业发展没有太大的好处；如果目标过于激进未来实现不了，又会挫伤所有人的积极性。

在制订目标之前，要先考虑企业外部和内部两个因素。外部因素包括宏观经济环境形势、所在细分市场增长预测、竞争对手发展预测等；内部因素则包括企业自身发展阶段定位、历史增长情况、财务和人员实力、投资方或股东方特殊要求等。

之后，再结合下面几个原则来制订目标：第一，以客户为中心，着眼于该目标的实现能够为客户带来什么价值；第二，企业的业绩仅仅比上一年有增长是不够的，最好未来一年的增长可以超过所在行业的增长；第三，目标不能过低也不能过高，要有一定挑战性，最好是必须要"跳一跳才能够得着"的水平。

年初确定好全年目标之后，并不意味着目标就固定不动了。尤其对于一些身处快速发展行业的企业来说，市场瞬息万变，今天制定的目标可能明天就过时了。因此，有必要建立一套机制，来确保在全年经营过程中可以对组织目标按月度或季度进行调整。

目标分解

企业目标必须要让所有人清楚，知晓并自觉地承担，这就需要把目标层层分解到各个部门和个人。

如何分解目标？鱼骨分解目标图是一个很简单实用的工具，小企业在实际操作中可以借鉴（如图 2-6 所示）。

在做目标分解时，需要注意很重要的一点是目标分解需要所有相关部门的参与。只有当各部门现场参与了目标分解之后，才会真心接受自己所承担的目标；清楚兄弟部门的目标，确保未来部门之间的团结协作。

客户满意　工艺改进　利润增长

公司战略目标

流程和 IT 改善　成本降低　管理改进　市场领先

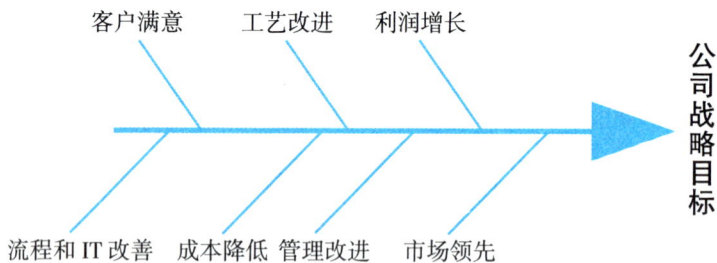

图2-6　鱼骨分解目标图

小企业因为人数少，目标分解做起来更加容易。完全可以在年初专门召集一个目标分解大会，把公司上下的主要负责人都召集到场。在会上可以允许各部门对自己所承担的目标进行争论或讨价还价，上级需充分听取下级的意见。当然，最重要的是会议必须要有一个原则：目标争论得无论多么激烈，一旦最终确定下来，必须不折不扣地执行。

关于目标下放，我曾经见过两种做法极端的老板。

第一类老板把公司所有的目标和压力都集中在自己手上，然后只是很机械地指挥下面的人干活。大家干到哪里算哪里，至于为什么要干这些活、公司的发展目标到底是什么，下面没有人清楚。这种情况下，每个人的工作动力和部门之间的协作程度可想而知。此时老板对自己没有做好目标下放的问题还浑然不觉，反倒每次看到自己忙得要死、下面的人清闲得要命而大发脾气。

第二类老板则非常强势，把公司目标直接从上到下硬拍，简单粗暴。不允许下面的员工讨价还价，只能接受上面拍下来的任务。每次员工看似把任务都接了，但私底下却会骂骂咧咧。这样把目标硬拍下去看似简单，但是会埋下一个隐患。假如下属对自己的目标表面接受、内心抗拒，导致最终目标无法实现，损害的将是企业的整体利益。

目标应用

对于小企业来说，绩效管理的最终结果有两个重要应用，一个是人员配置，另一个是薪酬分配。

人员配置需要解决的是能者上、差者下的问题。没有绩效作为标准，要替换谁、晋升谁很难做到公平公正。没有足够的绩效标准作为参照，想进一步辅导和培训那些被撤换下来的人也显得缺乏依据。

平时经常听说一些公司很随意地开除员工。之前还有一个朋友很委屈地打来电话，说在公司干了一年之后（已过试用期）老板要让他走人，而且赔偿金额低于国家法定标准。我问他是什么理由要他走人，他说老板嫌他交报告经常交得晚。我再问他公司是否跟他专门确定过工作绩效的标准，他说从来没有。

先不说随意开人是违反劳动法的行为，单看这种做法本身的实际效果也很难达到公司预期。被开掉的人心头不服，那些没被开而留在公司的人也容易心存怨言。假如公司事先实行了绩效管理，定下工作表现的标准，那么之后因为一个人达不到这些标准再对其做出开除的决定就会顺理成章容易服众了。

另一个应用是薪酬。奖金发放的依据应该是一个人的工作绩效表现。很多成熟的公司都有一个付薪理念叫作"pay for performance"，翻译过来就是为绩效付薪。

我曾经见过一家人数不多的企业，早期每年发年终奖都是由老板亲自来发，金额基本上是一个拍脑门的决定。到了年底，老板印象中觉得谁表现好一点、贡献大一点，奖金就多发一些。很多员工虽然拿到奖金了但是满意度并不高，反而私下里抱怨奖金发放不公。甚至有一次，一名员工负气把发给自己的少量奖金全额退给 HR。

后来，这家企业建立起绩效管理机制，并重新改革了薪酬政策。在员工原有每月固定工资的基础上增加绩效工资，与每月的绩效目标挂钩，年终奖则与年终绩效成绩挂钩。这样无论是月还是年绩效目标都有了定量和定性的考核指标。

总结

对于小企业而言，做绩效管理用什么形式并不重要，关键是找准目标，然后通过充分的目标沟通把所有人调动起来，同时把沟通结果具体落实到人员管理和薪酬激励上面，这才是绩效管理对小企业最重要的应用和启示。

员工年终绩效怎样核定才合理?

我参加公司的年终绩效校准会议时看到一些问题，觉得颇有代表性，所以在这里拿出来一一分析。

绩效结果如何校准?

一般公司的绩效管理流程最终会有一个环节，叫作绩效校准（Calibration），就是所有的管理者需要坐下来一起看，然后各自给团队成员的绩效打分，避免在给绩效结果的时候出现有人手松有人手紧的情况，目的是确保所有的打分结果都公平公正。

只要绩效考核中有指标无法做到结果量化，那就注定会在绩效结果打分中存在上级主管的主观因素。比如，有不少公司的绩效打分取决于两个维度，一个是工作任务的完成，另一个是工作行为的体现。行为部分一般就会存在主观打分的因素。

所以，校准会议就成了确保打分结果公平公正的关键一步。

那么，具体校准怎么做？谁和谁校准？

首先，是同级别的员工的校准。比如校准对象都是经理，但有的来自财务部，有的来自工程部。这时，他们的主管们就需要坐下来，互相讨论对各自下属打分。在校准会议上，他们需要就自己的打分依据给出具体的理由，尤其是非量化部分，打分依据需要有具体的事例或细节来支持。

我留意到人们在校准会议上经常会随着讨论的深入，开始不由自主地把不同级别的人放在一起来比较。比如，把一个产品的高级经理和一个研发经理放在一起比较。而通常一个人的级别越高，人们觉得他的岗位越重要，做出的成绩越明显，给他打分时手越宽松。

实际上，绩效对每个级别的人要求都是不同的。级别越高，理应要求越高。同样的一个挑战，一位经理解决了，绩效是优异；而另一位高级经理解决了，绩效可能只能算是合格。

其次，对有跨部门工作内容的员工的校准。对这类员工打分需要工作的各相关部门的领导坐在一起进行校准。每个领导都只看到了这个员工工作的一个方面，大家需要把自己掌握的情况凑到一起，才能成为这名员工绩效的最完整画面，才能决定他的最后考核得分。

在岗时间短的人绩效怎么算?

对于那些在岗时间比较短的人,最容易产生绩效核算争议的有两类,一类是新入职员工,另一类是新提拔员工。

很多公司在绩效考核中有一个规定,就是针对那些在岗时间不满 6 个月的员工,绩效结果不能高于某一个水平(通常自动设定为中性)。

之所以这么做,是因为通常对于一个新到岗的员工来说,头几个月是很难出绩效结果的。熟悉岗位内容和周围同事就需要一段时间,再花一些时间熟悉工作。这样算下来,到这名员工真正开始融入整个企业环境、开始产生绩效结果已经是几个月之后的事情了。

所以,在这种情况下,那些在岗不满 6 个月的员工确实很难称得上有高绩效。

我也见过有经理把入职不满 6 个月的员工定为优秀绩效的情况。通常遇到这种情况时,作为上级主管或校准会议的主持人,我们必须要追问经理两个问题:一个新员工在短时间内就能够获得优异绩效,这就意味着他的表现已经大大超越了岗位对其的要求,那这是不是也存在当初对他的岗位要求过低的可能性呢?现在不满 6 个月绩效已经是优异了,明年如何管理这名员工对绩效结果的期望值呢?他的绩效还存在哪些提升的空间呢？

避免以偏概全

我在参加绩效校准会议的时候，发现有的管理者会带着偏见给下属评定绩效。

一、以近概全

以近概全就是根据近期该员工身上发生的一件事来决定最后的打分。

人们的记忆往往都是短期的，最近的事情记得最清楚。某员工最近表现得突出的某件事往往会给经理印象深刻。在打分的时候经理对这名员工的印象就容易被这件事所左右，而忽视了我们是在给一个员工的全年绩效表现评分。他最近这段时间的表现只能代表一个时段，并不能掩盖他在全年其他时段的表现。经理依然需要结合全年的表现来综合打分。

二、以小概全

以小概全和上一种情况类似，人们往往对一些小事印象深刻，然后容易以这种小事来决定自己心目中对一个人的印象，因此经理打分时容易忽略该员工全年整体的表现。

在绩效校准会议中，假如遇到有经理引用一些小的或近期的案例来以偏概全，我们也需要多问经理几个问题：这些案例在多大程度上具有代表性？是否能说明该员工全年一贯的表现？

要不要强制分布？

绩效结果要不要强制分布，这是我们自己的团队中经常辩论的老话题。其实，市场上对此也是分作两派。

强硬派推崇当年韦尔奇的做法，即绩效结果必须强制分布，分布比例不一，有的是 20-70-10，有的是 10-20-60-10 等。不管比例如何，绩效结果整体基本呈正态分布。两头两尾的人员分布是少数，绩效最差的那部分人通常避免不了被企业淘汰的厄运。强制分布也容易带来很多问题。韦尔奇当年就在书中陈述了 GE 搞强制分布在有些部门造成了适得其反的结果。比如，疏远了同一团队的同事之间关系，不利于团队精神；经理容易搞表面文章来应付公司，把已经离职甚至离世的员工归类为绩效不合格等。

人性派则推崇不搞强制分布，完全相信管理者的能力和判断，相信他们可以严格按照公司的标准来考核员工的绩效结果。但相信管理者有一个重要前提，那就是管理者必须高度成熟和自律，他能够在考核过程中真正贯彻好公司的绩效标准。不然，这样做就容易出现另一种问题，就是最后弄成"大锅饭"。大家都知道，绩效结果是要和绩效奖金挂钩的。如果没有强制分布的压力，经理很容易给每个人都打一个不错的分数，你好我好大家好，最后的结果就是奖金分配大家都一样。"大锅饭"的负面效果就是挫伤了那些绩效真正优秀者的积极性，甚至会造成他们离职，受损失的是团队和企业。

要不要强制分布，其实并没有一个标准答案。

我个人是倾向有强制分布的，因为这样更结合我国企业的实际情况，而且操作起来也更简单。但是，我认为更重要的是，不论有没有强制分布，企业都必须讲清楚自己的绩效考核标准，到底什么样的绩效才叫合格、什么样的绩效才叫优异，而不是给管理者很大的空间，让他自己去定义什么是好绩效。在这个基础上提前对管理者进行培训，确保每个管理者都能深入理解公司绩效管理的标准。接下来要做的就是通过包括校准会这样的流程控制，务必确保每个管理者是按照标准公平公正地打分，真正落实公司对绩效标准的要求。

如何有效设计绩效管理的 KPI？

虽然 OKR（Objectives & Key Results，目标与关键成果法）是时下热门的话题，但是我观察自己身边打交道的公司，用 KPI 做绩效管理的还是居多。问题在于，很多公司在传统绩效管理的 KPI 设置上依然存在诸多不理想的问题。如何设置好公司的绩效 KPI，真正推动业务目标实现，下面几点是我最近接触到一些客户公司后的感受。

绩效指标的聚焦

在所接触到的公司中，我发现大部分公司设置 KPI 的一个共同问题都是绩效指标不够聚焦：KPI 数量少则六七个，多则高达十来个。放一堆 KPI，看上去好像个个都重要，到最后就变成了都不重要。员工精力有限，KPI 多了，无法处处兼顾，貌似什么都抓，实际却是无法抓到重点。

KPI 同样也需要结果指标；OKR 一般设定 3~5 个 O，每个 O
找出 3~4 个 KR，KPI 可以设置过 5~8 个 KR。OKR 管理会制
订公司、团队、个人的 OKR；KPI 在这方面与之类似。

在目标沟通方面，OKR 大多数的 O 是来源于企业基层，
首先有个自下而上的过程，而传统的 KPI 操作方式是通过"解
码"公司战略，自上而下分解目标并把总目标变成一个个的战
术目标。KPI 绩效考核做得比较好的企业也会注重自上而下、
自下而上的双向沟通。

在目标追踪方面，OKR 每季度召开 OKR 会议并打分，并
且公示结果；KPI 绩效对每月、每季进行考核追踪；OKR 要
求把每个人的目标和关键成果在全公司公开，所以人人都知道
你的目标和要达到的成果。而 KPI 往往是不公开的，最多公
开考核结果。

在目标与薪酬挂钩方面，OKR 既关注过程也关注结果，
但最后产生的结果不以考核为目的，所以再次强调 OKR 不是
绩效考核工具，因为它对薪酬不会产生直接影响。OKR 的设
计初衷是为了帮助那些不能用 KPI 考核的研发人员去实现寻
找"我要去哪里，我如何知道去哪里"的答案。而 KPI 就是
一个绩效考核工具，其评估与反馈与薪酬直接相关。

OKR 要求制订有野心的、有挑战性的目标。这样的"梦
想目标"会让你因够不着而不舒服，考核结果也不可能得到满

分。KPI 指标属于努力就可能完成的，也就是还可能够得着。而 OKR 的 O 即使你很努力地跳了，姿势还很正确，也不太可能得满分。

OKR 鼓励的是"野心目标"，目的在于激发员工的内在驱动力。那些最优秀的员工也许 KPI 能得满分，但用 OKR 考核的时候可能只有 0.5~0.6 分，相当于 KPI 的 50~60 分。所以你的 OKR 管理考核分值如果是 80 分、90 分甚至 100 分，那只能说明你的 O 在设置时出了问题。

值得指出的是，OKR 相对 BSC、KPI 应该更强调关键成果的分解和制订。比起 KPI，O 不再是冷冰冰的指标，而是一些很具体的行动方案。

实施建议

最后，大家对于那些有兴趣考虑 OKR 的企业有以下几点建议：

首先，不管是 OKR 还是 KPI，抑或是 360，都不应该作为唯一的考核办法，它们应该是作为绩效考核的一个主要的参照标准；其次，只用 OKR 做绩效考核没有意义，重要的是关注绩效管理的环节，包括绩效面谈和相应的激励政策等；最后，实施 OKR 一定要公开透明，才能起到鞭策的作用。

在进入具体实施的层面时还要看不同组织的绩效文化土壤和发展阶段，不必追求 OKR 对 KPI 或 360 颠覆性的取代，如果想尝试 OKR，可以取其优势做法，小规模地试用，见效之后再推而广之。

攻心与审势

在成都待了五天，其中有两天是为当地的 HR 做一次关于 HRBP 主题的授课。课堂上大家围绕着"HRBP 如何才能让自身工作对业务更有价值"这一永恒的话题展开了很多有意思的讨论。

在成都的最后一天，因为航班在下午，所以上午我忙里偷闲去了一趟武侯祠，正好看到那副著名的"攻心"对联，不由得让我一下子就联想到了前两天的讨论主题。

挂在武侯祠的这幅对联出自清人赵藩之手，后人认为它高度总结了诸葛孔明的治国艺术。对联原文是：

能攻心则反侧自消，从古知兵非好战；

不审势即宽严皆误，后来治蜀要深思。

对联背后是三国历史中的著名典故：上联是关于诸葛亮在

平定叛乱过程中对叛将孟获采用攻心术，七擒七纵，最后换来了孟获的心悦诚服；下联则讲了诸葛亮在蜀国的治理过程中非常强调做事要审时度势，不能审时度势的人处理政事无论宽大或严厉都要出差错，后代治理蜀地的人应该深思。

攻心为上

治国讲究"得人心者得天下"，大到国家、小到公司治理皆是如此。HRBP 的一大职责就是帮助公司聚拢员工的人心，换句话说就是要"攻心"。

乔布斯在吸引百事总裁斯卡利加盟苹果时说："你是希望卖一辈子糖水还是想跟我一起改变世界？"阿里时任 COO 张勇在吸引现任淘宝总裁蒋凡时用了同样的话术："想不想咱们一起折腾点东西，以后你可以讲故事给孙子听？"

德鲁克说，管理是要激发人的潜能。攻心就是抓住人的核心诉求，以真诚为前提，从而激发出人的积极性和创造性。

HR 如何攻心？简单来说就是要走入每个员工的内心，了解员工面临的困难和障碍，挖掘员工的优势和劣势，以此在工作中帮助员工移除障碍，能够让员工在组织和工作设计中扬长避短。

天天坐在办公桌后的 HR 是无法走入员工内心的。记得我第一次从外企跳槽进入一家民企时，公司创始人给我的一个任务就是去和公司每一个人聊天。要知道，这家公司当时可是好几百人的规模。聊到什么程度？老板要求至少要搞明白员工每天都在忙什么以及坐在办公室里的管理者都在琢磨什么。

我一开始对此事是抗拒的，后来硬着头皮按老板的要求一个一个去聊。随着手上的笔记越记越厚，渐渐地，我开始重新认识身边的这些同事。深入的对话为后来建立私交进行了铺垫，并最终帮助我和其中一些同事建立起了牢固的工作友谊。

华为和阿里等都是深谙此道的高手，他们在日常的组织管理过程中把"攻心"运用得炉火纯青。

比如，阿里的 BP 不叫 BP 而叫作"政委"，政委对团队每名员工的情况都要尽在掌握；再比如，阿里非常重视组织价值观，甚至把价值观纳入对员工的考核，占全部绩效成绩的50%。这些做法的出发点都是为了"攻心"。

审时度势

HRBP 在日常工作中应该安排做什么、不做什么，都应该来自对公司整体局势的研判，主要包括公司的行业趋势、市场竞争和战略导向等。如果只顾埋头干活而不抬头看天，最后很容易导致"宽严皆误"的结果。

曾经有一位在公司负责人才发展的 HR 问我，除了每天给公司安排一些培训课程，自己在这个岗位上还能做些什么有意义的事？

在他问这个问题的时候，该公司正处于快速发展阶段，公司老板正筹划着未来开辟更多的产品线和开拓更多的外地市场。

作为负责人才发展的人，此时正应该把公司的整体局势考虑进来，想想公司是否具备足够的人才实现老板的战略：人才标准具备了吗？人才梯队建立起来了吗？新业务和新地域所需要的人才能力具备了吗？有哪些可以借用的内外部资源？等等。

多思考该如何做正确的事，而不是如何把事情做正确。

如何审时度势？我最近阅读的《极限团队》一书提供了这样一份问题清单，可供我们在审时度势时参考：

公司存在的意义是什么？

公司怎样赚钱？谁是我们最重要的客户？

客户最重视我们的什么产品和服务？

我们现在的和正在兴起的竞争对手是谁？他们对我们造成了何种威胁？

作为一家公司，我们衡量成功的标准是什么？

我们有什么计划来赢得市场？

为了取得成功，我们需要具备什么能力？

什么价值观对我们最为重要？

公司期望每个员工有何作为？

一旦对形势有了研判，接下来该做的就是制订规划、迅速执行。

推进工作时企图搞全面开花、面面俱到通常会导致得不偿失。此时不妨考虑以点带面、重点突破，通过紧急度和重要度四象限来划分工作任务优先级。对最紧急和最重要的工作投入资源，快速取得胜果（quick win），小步快跑，随时迭代，以此来影响其他利益相关者，从而方便后续更全面的工作的推进。

HR

第三章

薪酬激励

如何快速简单地设计调薪矩阵？

年底 HR 最重要的工作应该就是绩效评估和工资调薪。我曾发表过一篇关于年度调薪操作的文章，里面附了一张调薪矩阵图（如表 3-1 所示）。

表 3-1　调薪矩阵图

	<0.8	0.8~0.9	0.9~1.0	1.0~1.1	1.1~1.2	≥1.2
A	11%	11%	10%	8%	7%	4%
B	10%	9%	8%	7%	6%	4%
C	8%	7%	6%	5%	4%	3%
D	2%	0	0	0	0	0
E	0	0	0	0	0	0

后来文章屡屡被转发，阅读者众多。直到今天还有人来问我这张调薪矩阵到底是如何设计出来的。

首先，你要明白表里横向第一行和纵向第一列那些数字或字母的意义。

我们先看横向第一行。这些数字代表了薪酬比率（Compa Ratio），可以用百分比表示，也可以用保留至小数点后一两位的数值来表示。这个比率是员工实际薪酬与所在岗位中位值的比率。

比如，某员工的岗位为销售经理，每月工资为 1.2 万元。在该公司的薪酬架构体系中，销售经理这个岗位的薪酬中位值（也可以叫指导值）是每月 1 万元。那么，该员工的薪酬比率就是 1.2/1=1.2 或 120%。

大部分公司实行宽带薪酬，允许员工的实际薪酬围绕着一根指导线上下浮动，浮动比例不超过一定幅度。假设该公司宽带薪酬的上下浮动比例不超过 20%，那么员工的薪酬比率就可能落在 0.8 到 1.2 之间。

有人可能要问了，假如有员工落在比率区间之外怎么办？很简单，低于 0.8 的你需要给人家加薪，把他拉进比率区间；高于 1.2 的你需要停止加薪，或者把他晋升到另一个更高的职位，让他的薪酬比率趋于正常。

接下来，我们看看纵向第一列那些字母，它们代表了员工的绩效等级。在上述案例即表3-1中，该公司的绩效分为5档，绩效最好的是A，绩效最差的是E。当然，你也可以不用英文字母填纵向序列，转用"优秀""良好"等形容词来代替。

很多企业在做年终绩效考核时都有绩效结果的强制分布要求，即每一个档次的绩效评分必须达到或不超过某个比例。比如，杰克·韦尔奇时代的GE就采用强制分布办法：把绩效分为A、B、C共3类，绩效最好的人（A）占20%，居中的大部分人（B）占70%，最差的人（C）占10%，关于这个分布还有一个很形象的词叫作"韦尔奇活力曲线"。当然，最差的10%是要被公司淘汰的。

把横列和纵列的内容搞明白之后，矩阵表格内的调薪比例就容易懂了：绩效越好、薪酬比率越低的人，获得的调薪幅度越大。上述案例中最高的调薪可以达到11%；绩效越差、薪酬比率越高的人获得的调薪幅度越小，最低可至0。

那么，问题来了，矩阵里的这些数字是如何得出来的呢？

第一步，把员工薪酬总额归类

按照员工的薪酬比率区间和绩效等级结果，把所有员工的薪酬总额合并分类，放入表3-2的矩阵中。

表 3-2　员工薪酬合并归类表

	<0.8	0.8~0.9	0.9~1.0	1.0~1.1	1.1~1.2	≥1.2
A	工资总额1	工资总额2	工资总额3	工资总额4	工资总额5	工资总额6
B						
C						
D						
E						

第二步，确定公司的整体调薪预算

假设公司当年的整体调薪预算为 6%，即所有人的调薪总额加起来都不能超过一个固定的数额 Y（当前的全体员工薪酬总额 ×6%）。接下来就可以把 6% 作为一个调薪的基准比例，所有员工的最终调薪比例应该围绕着 6% 做上限浮动。

第三步，建立调薪矩阵

把 6% 作为基准点，放入矩阵表（如表 3-3 所示）的中心位置，然后以其为圆心，向四周逐渐发散、变化。在本例中，将绩效为 C、薪酬比率区间为 0.9~1.0 的员工调薪设置为 6%，以此为圆心依次向上、向左逐渐增加一个百分点；向下、向右逐渐减少一个百分点。以此为原则，依次逐渐填满矩阵的所有表格。

表3-3 调薪矩阵表

	<0.8	0.8~0.9	0.9~1.0	1.0~1.1	1.1~1.2	≥1.2
A			6%+2%			
B			6%+1%			
C	6%+2%	6%+1%	6%	6%-1%	6%-2%	
D			6%-1%			
E			6%-2%			

这里需要注意一点：对于绩效差、薪酬比率高的人，既可以按上面的方法填入调薪比例，也可以直接把他们的调薪比例设为0。

在整个企业调薪预算有限的情况下，这种办法更加直接，既能更好分配预算，又能起到"奖优罚劣"的效果。

第四步，测算

前面的工作完成之后，接下来的任务就很简单了。直接把表3-2和表3-3中各个对应的数字相乘，然后汇总测算本次调薪的总金额，最终以不超过Y为准。

如果实际金额超过预算，那么可以相应地调低表3-3中的比例，比如按1%递减可以调整为按0.5%递减；如果金额低于预算，可以相应调高表3-3中的比例，等等。

再谈年终奖金设计

在谈奖金设计之前，再次强调一遍：奖金是绩效的结果反映，绩效考核是奖金设计的基础。如果公司全年都没做有效的绩效考核，年底时老板心血来潮地想起设计奖金，在这种情况下，哪怕把奖金发下去了恐怕也是一笔糊涂账。偷懒的人暗自窃喜、干活的人抱怨不公，最后奖金起不到任何有效的激励作用。

做奖金设计，一个关键就是奖金要和绩效相对应。不光个人如此，整个公司、部门也都如此。除非你实行的是佣金制，奖金是销售业绩乘以某个比例，否则，都需要先为公司、部门和个人确定绩效系数，然后再把这个绩效系数转化为相应的奖金系数。

下面用一个实际案例来谈谈年终奖金的设计思路：

到年底了，我们公司要做年终奖金方案，想先确定各部门的奖金系数，再根据个人考核结果得出每个人的年终奖。问题是我们公司之前没有做绩效，个人年底绩效就是找一些可以量化的指标，比如考勤天数、客户表扬信和警告信数量等，还有部门经理的打分。现在设定部门系数有点难，业务部门还能够找财务部门要些全年收入、利润数据等搞定，职能部门包括商务、采购、人事、财务、行政等没有绩效考核，不知道该如何确定奖金系数？

我们公司人数不多，100多人，部门设置是东西南北四个业务大区再加工程部、财务部、人事部、采购部等职能部门。平时没有目标奖金，一般按一个月的工资来发奖金，最后由老板统一做一些微调。今年开始人数越来越多，希望把奖金发放做得更正规一点，更加有据可查。

确定公司奖金池

规划年终奖，首先要确定的是公司总奖金预算（奖金池）能拿出多少钱来发奖金。

这个奖金池有多大，直接取决于公司的整体绩效，间接取决于公司财务状况、市场薪酬标准等因素。

公司绩效越好，能拿出来分的奖金就越多。但是，即便公司绩效不错，如果盈利状况不佳，恐怕奖金池也要打一个折扣。

所以，一般公司在全年绩效结果公布之后，通常 HR 和财务还要一起测算，确定最终的奖金池。这里我们暂时忽略其他因素，只看绩效对奖金的影响。

如果像这个案例那样，公司绩效之前没有确定的话，最简单的办法是可以看看当年销售或利润目标完成了多少，以一个百分比作为全公司的奖金系数。

另外，从该案例中，可以判断员工的目标奖金为一个月工资。假如公司当年整体目标完成了110%，那么可以把公司整体的系数定为110%。所以，公司的整体奖金池为：月工资总额 ×110%。

也有公司不一定严格按照公司绩效达成比例来确定奖金系数，而是会由 CEO 或一把手对最终系数做微调。这个调整与我们平时做绩效考核是一个道理，既要看结果，也要看过程。

假如完成的结果理想，但是过程并不令人满意，那么公司是有权对结果进行再次调整的。我之前服务的一家公司就明确规定了 CEO 有对公司最终奖金系数上下 5% 的调整权。

确定部门奖金池

业务部门的业绩可以量化，所以容易确定绩效，然后确定部门的奖金系数，直至部门的奖金池；后台职能部门的业绩难以量化，无法确定绩效，简单一点可以干脆统一用公司的绩效系数。

假设东南西北四大业务部门的业务量完成了全年目标的120%、95%、100%、105%，那么，这四个部门相应的绩效系数就是120%、95%、100%和105%。而其他职能部门包括人事、财务、工程等，都按110%来计算。

按照以上绩效系数，再结合每个部门的实际工资总额，可以分别计算出每个部门的奖金系数。公司的总奖金池就可以按比例分配到每个部门头上。

也有一些公司不设部门系数，只有公司系数和个人系数，在这种情况下，公司依然会参考部门的绩效结果来控制个人绩效分布。比如：在控制全公司统一绩效结果分布比例的前提下，绩效结果好的部门拥有的绩效优或良的员工更多。

确定个人奖金额

部门的奖金池一旦确定，接下来就该把奖金分配到每个人头上了。

不过这之前还有一项重要工作必须完成：那就是给每个人做绩效评级。简单来说，就是先在全公司范围内把人的绩效分出三六九等，然后把分布在每个档次的员工目标奖金总额统计出来，这样才好在总奖金池内测算不同绩效级别的人的奖金系数。

需要注意的是，在公司总预算前提下测算出来的个人奖金系数只是一个理论系数，或者叫作指导系数。最后具体的个人实发奖金系数是多少，还得结合上面第二步计算出来的部门实际奖金池来调整，以个人奖金合计不超过部门奖金池为限。

高管薪酬为什么高得越来越离谱？

恒大集团以 1500 万元的年薪聘请知名经济分析师任泽平担任恒大集团首席经济学家（副总裁级别）兼恒大经济研究院院长，这条消息一出便刷爆了朋友圈。尽管人们对金融界高管的高薪已经习以为常，但是这次，吃瓜群众还是被 1500 万元这个天价薪酬惊得目瞪口呆。

其实，对于上市公司而言，无论中外企业，高管薪酬倒也不是什么秘密。因为，按照证券法规，上市公司排名最靠前那一小部分高管的年薪是必须在公司财报中公开披露的。

根据美国 2015 年的一项统计数据显示，500 家美国薪酬最高的公司的高管平均薪酬是一名普通美国劳动者的 1000 倍，而且这个差距还在持续拉大中。

那么，为什么高管的薪酬会高得越来越离谱呢？让我们先从高管薪酬的基本面来开始分析。

高管薪酬的决定方式

薪酬的决定方式无非有两种：内部定价和外部定价。

内部定价就是要确保内部公平性，某人的薪酬跟组织的平均薪酬水平相比不能特别高或者特别低；外部定价就是要确保薪酬水平在外部市场上有一定的竞争力，这样才能对外部市场的人才有吸引力，也能避免自家人才被其他公司挖走。

想要同时保持内部公平性和外部竞争性，除了少数财大气粗的土豪企业，对大部分企业来说是一件相当有挑战的事情。

首先，企业手头的资源有限，这就决定了企业只能把有限的资源优先使用到那些最需要的地方去。倘若把有限的薪酬预算像撒胡椒面一样撒给所有员工，内部公平性倒是保证了，但是对少数优秀员工就显得不公平了，这部分人势必会去外部市场上寻找与自己价值更匹配的工作机会。

如果想要对每个岗位的薪酬水平都确保足够的市场竞争力，在今天这个快速变化的市场无疑是不现实的。单就保持这种竞争力所需的调薪预算对很多企业来说就是一个不可能实现的任务。

在内部公平性和外部竞争性之间，企业到底应该偏向天平的哪边，通常与企业文化有关。

比如，很多国企都实行了限薪令，对国企高管实行薪酬封顶，这就是由国企独特的企业文化所决定的。而对于那些并无这种限制的企业，CEO 们当然希望高管薪酬在和市场对齐的前提下越高越好。

一个企业在核定高管薪酬水平时，通常会小范围界定一个具有可比性的公司群体，然后来对标这些公司的岗位薪酬。大部分公司在核定高管薪酬水平时，都会对标 50 分位以上或 75 分位以上，也就是说，如果把这个群体里的人员工资从低到高排列的话，高管薪酬会比其中 50% 或 75% 的人的薪酬水平都要高。

没人愿意把自己对标在 50% 以下，因为这样做的话，相当于在告诉外界"我的公司很烂"，连行业平均水平都达不到，这种企业自然也很难吸引到高管加入。

如果每家公司在制订薪酬策略的时候都把自己定位为 50 分位或以上时，因为他们自己本身也在原始的数据池中，那么最后的结果就是自然拉升了整个数据池的水平，反过来再次拉升其中那些处于 50 分位以上的高管薪酬。以此循环往复，最后导致高管的薪酬也节节攀升。

高管薪酬的组成方式

高管的薪酬一般包括四大部分：工资、短期激励、长期激励和福利。

工资和短期激励（奖金）属于现金薪酬，其他员工也有这两项。

在很多公司中，区别高管和一般员工的是长期激励，这是企业为了鼓励员工为公司长期绩效和利益做出贡献而设立的一种薪酬形式，最常见的包括股票期权和限制性股票。

股票期权相当于赋予员工一个以固定价格购买未来公司股票的权力；限制性股票则相当于直接将公司股份发放给员工，但是要在满足一定服务年限和绩效表现的前提下才能真正兑现。

另外，很多大企业里还有专门针对高管的特殊福利，比如：高端医疗保险（含家庭成员）、用车、司机、延长休假等。别小看了这些福利，尽管没有前面的工资、奖金或股票瞩目，但这些福利换算成现金也是相当可观的一笔数目。而且最重要的是，它们是税后所得。

关于高管薪酬的组合方式，一般比较合理的设置是：长期激励在总体薪酬中占的比例大于 50%，工资和奖金加起来不足 50%。

图 3-1 来自怡安翰威特 2016 年做的薪酬报告，从中可以看出，中国民营上市公司的股权薪酬平均占到了 70% 以上。相对应的，国有上市企业的股权薪酬只占 20% 左右。

港股整体	69.4%	30.6%
A股整体	32.1%	67.9%
港股国有企业	79.3%	20.7%
A股国有企业	80.1%	19.9%
港股民营企业	67.3%	32.7%
A股民营企业	27.8%	72.2%

■ 现金薪酬　■ 股权薪酬

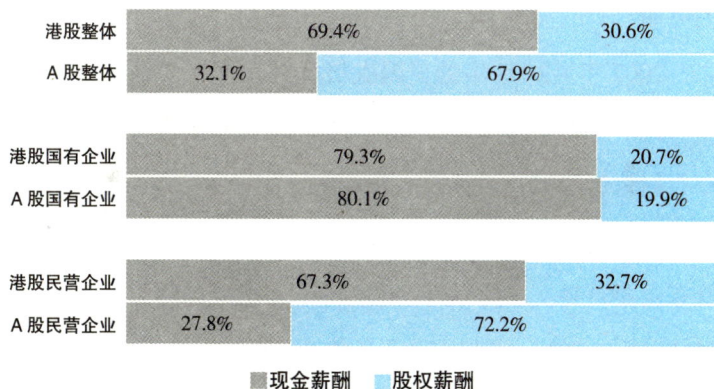

图 3-1　怡安翰威特 2016 年薪酬报告

高管薪酬与企业绩效

　　高管薪酬之所以金额高，除了市场对标的因素之外，还有企业希望通过高额薪酬能够激励高管们为企业带来更大的绩效回报。那么，那些拿着高薪的高管们是否真的如老板们所愿，给企业带来了高绩效呢？

　　我们首先来看看短期激励，也就是常说的奖金。奖金的考核指标通常包括企业的短期财务表现，比如利润增长和成本降低等指标。一个不可忽视的事实是，高管们容易在高额奖金的诱惑下铤而走险，以牺牲公司的长期利益来换取短期财务数字的亮丽，有的甚至不惜在财务数据上造假。

2007 年 ~2008 年的美国次贷危机就是一个典型的例子，当时美国金融业高管们的高额奖金正是诱发次贷危机的元凶之一，因为这些奖金"刺激了高风险行为"①。

再来看长期激励。一方面，影响股票价格的因素有很多，既有企业自身发展的原因，也有外部市场波动的原因。当市场整体向好的时候，哪怕企业无所作为，股票依然会蹭蹭往上涨。对于那些享受高额股权激励的高管来说，这个时候就是躺着啥也不干也能大笔大笔地挣到钱。另一方面，和奖金一样，高管们同样可能会为了短期内推高自家公司股价而不惜一切手段，通过牺牲企业长期利益来换取短期利益。

举个例子，很多公司的奖金考核指标中都有一项叫 EPS（earnings per share，每股净收益，等于净利润除以流通股数）。但是，EPS 并不能总是真实地反应企业业绩，它的升高可能是因为经济形势向好或其他原因。

同时，EPS 还很容易被人为地操控。比如，高管可以操纵公司花大价钱去做股票回购，在短期之内推高股价。而同样的钱如果用在对产品的研发方面，本来可以对公司带来更加长远和可观的利益。

历史上著名的安然公司和环球电讯公司事件都给我们提

① 诺贝尔经济学奖得主约瑟夫·斯蒂格利茨语。

供了前车之鉴：高管层为了从公司股票的升值中获利，采用包括财务造假在内的各种方法，短期内抬高股价，然后卖出股票从中获益，损害了投资者的利益，并最终导致公司破产。

如何合理设计高管薪酬？

如何让高管薪酬设计得更合理，尽可能地避免前述风险？企业可以考虑的做法包括以下几点。

一、增加长期激励比例

长期激励的时限通常都在 1 年以上、10 年以内。通过期权、股票等工具提高高管整体薪酬中的长期激励比例，这一做法最明显的好处是将管理人员和企业的长期利益捆绑在一起。采用长期激励时不但可以在期限上拉长，企业还可以在股票期权的兑现上设定绩效条件。

比如，某 A 股上市公司的股票期权条款是这样制定的：有效期 5 年，从授予日满 12 个月起，激励对象可以在之后的 4 年分 4 期行权，每期行权比例分别为 25%。行权条件包括公司绩效和个人绩效两部分。其中，公司绩效以第一年净利润额为基数，之后 4 年里的增长率不得低于 40%、70%、100% 和 130%；个人绩效在每年的绩效考核中，结果必须为"合格"。

通过这种设计，获得股票期权的高管必须力保企业在长达

5 年的时间周期内保持业绩增长，才能最终兑现全部的股票期权。这样就有效避免了高管因短期的冒进措施而牺牲企业的长期利益。

二、激励考核与行业增长系数挂钩

企业的业绩好不好，除了和自己的历史同期水平纵向对比，还有必要与行业整体水平横向对比。

比如，某企业今年业绩和去年相比增长了 10%，看似是一个不错的结果。但是，考虑到该企业所在行业当年的增长是 20%，便知道 10% 的成绩其实并不理想。

我曾经看到过一家公司这样设计高管的限制性股票，计算公式为：

限制性股票实际发放系数 = 100% + （公司股东回报 − 行业指数的平均股东回报）× 2

按照这种计算公式，这家公司尽管股票涨得很高，但是假如低于当年的行业平均股东回报 50% 以上，公司高管能够拿到的股票数依然为 0。

三、完善薪酬监管体系

上市公司一般会设立薪酬委员会，这是一个独立于人力资源部的部门，直接向公司董事会汇报，专门负责高管薪酬政策的制订。

薪酬委员会成员通常由来自公司外部有经验的独立人士或者公司的独立董事担任，和公司高管没有任何直接利益关系，以此来保证薪酬委员会的权威性和独立性。

四、递延奖金

递延奖金就是为了确保公司在一个更长的时间周期内有一个令人满意的、可持续发展的绩效，从而将本该短期内发放的奖金递延到一个更靠后的时间点发放。这是除股票期权外，另一种将高管和公司的中长期利益相结合的方式。

递延奖金的具体操作可以参考证券业的做法。众所周知，证券业也是一个高薪的行业，我国证监会还对证券类企业出台了专门针对递延奖金的指导意见。

根据已经出台的《证券公司投资银行类业务内部控制指引》，奖金递延支付是指不得对奖金实行一次性发放；奖金递延发放年限原则上不得少于 3 年（投资银行类项目存续期不满 3 年的，可以根据实际存续期对奖金递延发放年限适当调整）。

结论

以上措施的实施虽然不能百分之百地避免高管薪酬可能带来的负面效应，但是至少能在较大程度上保证将高管和公司

长期利益结合在一起，这对一家公司的健康发展来说是至关重
要的。

产品还未面世，销售奖金该如何设计？

一位来自一家新型工业产品制造企业的 HR 朋友遇到了一个销售奖金方面的问题，具体如下：

该公司研发的新型产品目前属于开拓市场的一个初级阶段，销售员还无法在短期内为公司产生销售额，因此，该公司业务领导建议把"客户有效拜访数量"作为考核销售人员的 KPI。对于"客户有效拜访数量"这一 KPI，该公司业务领导的定义为：见到相应客户并提供名片或通过一起用餐、喝茶、聚会等方式获得有效客户信息。

那么问题来了，这位朋友始终觉得这种考核方式太过粗糙，因为这样考核单靠客户的有效拜访量就可以计算销售奖金，然而这种考核办法最终并不一定会取得销售业绩，因此存在一定的风险。

于是，这位 HR 朋友和业务领导的意见一时相持不下。

我们都知道，一般的销售奖金设计无非两种：第一种是佣金制，方案非常简单，销售人员的奖金和产品销量直接挂钩，用销售额或销售利润直接乘以一个佣金比例即可计算出销售奖金；另一种叫销售目标制，KPI 设计稍微复杂一点，会包括多个维度的销售指标，但是最重要的一项仍然是销量或销售额。

两种常见的销售奖金设计无论如何变化，都一定包括最重要的一项指标，即与销售量相关的最终销售业绩。

但是，对于像这位朋友遇到的这种情况，公司产品刚开发出来，短期内实现销量并不现实，这时又该如何设置相应的奖金制度呢？

奖金设计总框架

首先，我们来看看奖金设计的大框架。销售人员的薪酬通常包括底薪和奖金两部分，其中，奖金又可以分为长期奖金和短期奖金两种。考核期间在 1 年以上的属于长期奖金，1 年以内的属于短期奖金（月度奖、季度奖）。

大部分非销售岗位的白领人员只拿年终奖。但是，销售人员因为其岗位的特性，公司需要随时激励其产生业绩，所以对他们的考核更频繁，月度或季度奖或许更适合他们。

以我现在所在企业的销售奖金为例，我们既有与月度销量挂钩的月度奖，也有与产品市场占有率挂钩的季度奖，还有与产品最终盈利、客户满意度挂钩的年终奖。

回到本案例，假如新产品预计至少在一年之后才会发生实际销量，那么首先可以设计与销量挂钩的年度奖金。

在选择与销量有关的 KPI 时，具体需要根据企业的业务性质而定，通常作为 KPI 的指标包括销售额、销售量、市场占有率、销售增长、销售回款等。

我曾经服务过一家从事高科技芯片的设计、制造与销售的公司。由于该芯片产品的客户从签署意向书到实际成交的周期较长，因此，销售人员的年度奖金设计包括两部分，一部分是实际销售订单金额，占 60%；另一部分是产品前期意向签约金额，占 40%。

月度、季度奖金的设计

接下来，我们再来看月度或季度奖金的设计。假如销售人员的前期工作以客户拜访为主，既然无法考核结果，那就考核过程，这时可以重点考虑以下两个因素：客户拜访数量和客户拜访质量。

一、客户拜访数量

使用客户拜访数量这个 KPI 的逻辑是：一旦加强对客户的拜访数量，未来自然会获得该客户的业务。

但是，这里的假设需要几个前提：每次拜访的质量持续一致；有相关证据显示量变可以导致质变；销售人员不会在拜访数量上弄虚作假等。

如果没有这些假设，最后的考核就会沦为 HR 朋友所担心的那样，考核过于粗糙，浪费了资源，最后起不到带来真正销售的目的。

我曾经接触过一家猎头公司，该公司有大量的历史数据显示其电话销售人员每拨打 100 个销售电话会带来多少的真正客户。因此，他们在每月的销售奖金中针对这些电话销售人员的 KPI 就直接采用电话拨打量。

对于上述案例，假如有历史数据的话，还可以先分析之前的客户拜访中一般拜访的转化率是多少。

二、客户拜访质量

通过以上分析，单纯以拜访数量作为销售人员的 KPI 是不够的，还需要保证拜访质量，具体方法如下：

最方便的办法是分析历史数据。找出在过往的客户拜访中都有哪些拜访最终转化为后来的真正订单，然后分析这些拜访都具备哪些特点，将这些特点作为有效拜访的标准来考核。

在本案例中，因为产品刚推出，并没有历史数据可查，因此需要企业自行定义有效拜访。很显然，按照前述的仅仅获得客户的名片或者与其聚会、喝茶是很难定义为有效拜访的。

我从前在政府部门做招商工作的时候，日常工作中的一项也需要大量拜访客户，通过客户拜访获得客户的投资意向，然后重点跟进那些意向强烈的客户，帮助其将意向转化为最终的投资额。

每次拜访回来，领导对我们的要求就是要形成一份有效的拜访报告，内容包括客户的业务范围、负责人联系办法、行业特点、投资意向以及跟进方案等。

很显然，对于本案例，HR 人员还需要和业务领导深入探讨，找出有效拜访的真正标准，然后以此来考核每名销售人员的销售过程，并与月度或季度奖金挂钩。

总结

对于此类新产品的销售奖金，整体设计可以是：

总奖金 = 年度奖金 + 月度（或季度）奖金

其中：

年度奖金考核销售最终结果，建议 KPI 采用销售额、市占率、回款率等指标；月度（季度）奖金考核销售过程，建议 KPI 采用经过提炼的有效客户拜访标准。

通过以上设计，可以有效地避免销售人员盲目追求拜访数量，在客户拜访中更加重视客户质量和结果转化。

空降兵比老员工薪资高引发不满
怎么办？

前不久和一位企业老板交流，他提了一个问题：公司发展到一定规模，在内部人才能力有限的情况下，有时不得不从外面招聘高管。但这些人一旦招进来问题就来了：他们的薪水往往会高于内部现有高管，容易引发后者的不满。这种高管薪酬的倒挂问题该如何解决？

这是个大部分企业在招聘外部人员时都会遇到的很实际的问题。不一定是高管，哪怕企业从外面招一般的管理或技术岗位人员，如果在薪资上处理不慎，也会引发内部其他员工的情绪反弹，给未来埋下管理隐患。

我以前也经常遇到公司从外面招聘高管的案例。这种事情处理好了，会给公司带来新的发展动力；处理不好，则会给现有团队带来负能量。

为了避免后面一种情况的出现，企业可以从以下四步来考虑。

在团队内部充分透明地沟通好"Why"

企业之所以要外招高管，无非是因为从内部现有人才中无法找到或培养出所需要的能力。因此，企业有必要非常清晰、透明地把"Why"这个问题向其他高管沟通到位。否则，一旦人招进来之后，众人只看到表面现象，不明背后真正的原因，"不患寡而患不均"，自然就容易引发各种猜忌和不满了。

我曾经服务过一家企业，公司在进入海外上市准备期之后，需要招一名 CFO（首席财务官）来领导上市过程中的财务工作。事实上，公司当时已经有了三名总监级别的财务高管，三人都具有上市公司或大型企业的财务管理经验。但是，三人中并没有一人具备带领公司从 0 到 1 完成上市过程的经验，在战略层面来领导整个财务工作的能力也非常有限。

因此，公司老板早早就确定了需要招一名更高层次财务高管的目标，并且明确提出：候选人要有海外背景且需具备带领一家企业上市的经验。老板在各个内部会议上也反复强调公司已经发展到了一定规模，现在急需从市场招一名视野更高、能力更强的高管来统领财务工作。

可以说，当时经过老板的各种前期铺垫，我们内部高管团队都一致从心底里认同了这个目标，并开始翘首以待新 CFO 的到来。

后来，公司通过投资方引荐，招来一位协助过两家公司上市的 CFO。尽管新 CFO 一上来就当上了几位财务总监的上司，但因为有前期铺垫，所以大家在这名 CFO 入职初期也能比较坦然地接受他，在日常工作中也对其全力配合。

由此可见，企业的前期沟通尤为重要。通过全面、透明的沟通，让所有相关人都了解到招聘"空降兵"的必要性，可以为未来的新人融入团队提前奠定一个良好的基础。

确保外招高管能力达到公司要求

让所有人知道了外招高管的重要性，是不是后面就万事无忧了呢？同样是上面那个案例，后面事件的发展就比较戏剧性了。

这名 CFO 入职后，慢慢地大家发现他的能力不过如此：公司财务基础比较薄弱，需要建立起一套强有力的工作体系，以满足未来对上市公司的要求。该 CFO 自加入公司开始就把大部分精力放在和投资人的对接中。虽然公司后来融资顺利，但在建立内部财务管理体系方面他始终碌碌无为、毫无建树。

空降的 CFO 在团队带领方面也做得不尽如人意，没能把向自己汇报的三位财务高管的工作有效地捏合在一起，导致三人各自为政，部门的工作一度陷入混乱。刚开始，老板还对这位 CFO 的工作全力支持，但时间一长也对他逐渐失去耐心。最后的结局是：这位 CFO 干了不到一年就从公司黯然离开了。

所以，在高管招聘工作中，确保招到真正高质量人才是工作的重中之重。我曾发表的《如何增加招到优秀人才的可能性？》一文，就强调了完善的招聘流程在招聘优秀人才方面的重要性。

然而，事实上往往很多公司在招聘环节过于随意，比如：没有具体的岗位能力定义、对候选人缺乏全面科学的测评、招聘流程缺乏结构化（往往老板一个人拍板决定）等。

假如企业从一开始严格管理招聘流程，确保招来的每一个高管都是能力出众、真正符合企业需求的人才，那么，后期招来人员出现低能高薪并招致其他高管不满的可能性也会大大降低。

增加高管的浮动薪酬比例
将其与个人绩效紧密挂钩

诚然，企业从外面招来高管的薪水一定会遵从市场水平，这是个水涨船高的正常现象。尤其是关键岗位的高管，一人一价是很常见的事。一定要求这些高管的薪水与企业内部水平保持一致并不太现实，那样可能导致企业无法招到市场上真正优秀的人才。

为了解决这个矛盾，可以考虑的一个办法是采用薪酬包：将外招高管的基本工资控制在一个合理的幅度内，薪酬包的其他部分通过浮动奖金来弥补。浮动奖金与高管个人的业绩直接挂钩，只要未来该高管的绩效能够达到双方在面试时约定的水平，即可全额享受这笔浮动奖金；如果绩效未达到，奖金将大大缩水甚至为零。

之前和一个互联网公司的 HR 高管交流，他们从华为公司挖来了一名市场营销的高管。众所周知，华为的薪水在国内算得上顶尖的水平，其他企业想要完全达到华为的薪资水平并非易事。

这家公司的做法是让这名高管的基本工资部分与其他高管保持差异不大，剩余部分大量使用绩效奖金和股票期权。同时与这名高管在入职前签署了一个类似对赌协议的协议：实现既定业绩目标方可兑现这部分浮动薪酬。

这是一个公平公正的方式。对外招高管而言，有业绩承诺在先，干得好拿得多，非常合理；对现任高管而言，他们能看到别人超常规的高薪同样有超常规的绩效结果做支撑，也能心服口服。

今天，有越来越多的企业在现金激励之外也对高管普遍实行股权激励。在给高管的薪酬包中加大股权激励（股票、期权）的比例。股权激励同样以绩效作为兑现条件，绩效越好，企业的饼做得越大，高管手中的股票或期权越值钱；绩效达不到要求，股票或期权无法兑现，对企业而言也没有任何支出，也不会产生额外的薪酬成本。

提前预防，做好对现有老员工的薪酬规划和管理

企业到市场上用有竞争力的薪酬去吸引外部人员的同时，也不要忽视了内部人员的薪酬管理。

出于预算有限的现实问题，企业想一次性把内部所有人员的薪资按照市场水平调整到位的可能性较低。但是，我们依然可以在薪酬管理上做一些工作，缩小外聘高管与内部人员之间的待遇差异。

一、在企业内部打造一种高绩效文化

员工的调薪和晋升必须严格以绩效说话。对于那些绩效无法达到公司要求且无法改进的高管，公司应该坚决采取措施。在整体薪酬预算一定的前提下，通过将这部分人劝退或降级，可以及时为其他人腾出一定的薪酬空间。

二、建立起一套薪酬监控流程

通过定期对标外部市场水平，随时了解自身薪酬与市场的差距。然后，通过年度的调薪工作，最大限度地缩小企业员工整体薪酬与市场的差距。

三、做好企业内部日常的人才盘点工作

及时识别出那些能力强、潜力高、薪资低的关键人才。在有条件的情况下，将资源（调薪、晋升、发展机会）尽可能向这部分人员倾斜，降低他们的离职风险。如此，就可以先发制人地采取有效保留措施，而不是等员工吐槽甚至离职之后再去想办法。

如何评估销售奖金设计的有效性？

有朋友问了一个关于销售奖金的问题：

"我们做大宗商品现货销售，一直都有奖金，薪酬结构是基本工资＋提成奖金＋年底利润提成，总的薪酬在同行业内是高的，每年的工资奖金发不少。老板现在给了 HR 一个任务，要求评估这些销售奖金发的效果到底如何？"

要做销售奖金的评估，我们需要先从销售奖金的基本设计讲起。

销售奖金的设计

销售奖金的设计思路一般有两类，第一类叫提成法，这种方法简单粗暴，奖金就是销售额或销售利润的某个比例。至于具体的比例到底设计为多少取决于行业内惯例，或者参照公司对其他非销售人员奖金收入的平衡。前一种体现的是外部竞争性，后一种体现的是内部公平性。销售人员的收入比其他同事高没问题，但是高得太离谱就不合适了。

提成法的设计非常简单，也容易让销售人员看懂。不足之处是对业绩的考核过于片面，KPI 仅和某单个因素（量或利润）挂钩，负面影响是容易造成员工在工作中忽略其他也很重要的因素（比如团队合作、客户满意度等）。如果公司属于初创阶段或者刚推出新产品，急于通过冲量打开市场，这一类设计是比较合适的。

第二类设计叫综合指标法，奖金多少与多个指标的结果有关系。这些指标既包括销量、销售利润，还包括公司关注的其他指标。取全部指标的平均值或权重值，以此来计算员工的奖金系数。

这类设计的 KPI 指标在选取上有三点需要考虑：第一点是门槛值（也叫作最小值），KPI 必须超过这个值，奖金才开始生效，低于这个值，奖金为 0；第二点是目标值，KPI 达到目标值，可以拿到全部目标奖金；第三点是挑战值（也叫作最大值或封顶值），KPI 达到这个值时，奖金封顶。综合指标法的 KPI 目标与奖金系数的关系如图 3-2 所示：

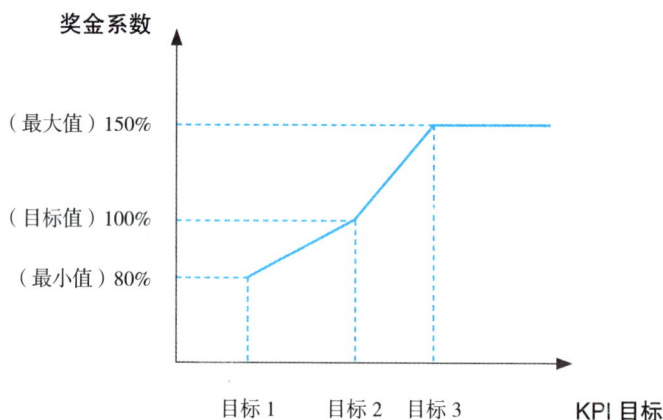

图 3-2　综合指标法

我经历过的几家公司都有销售奖金设计，最高的销售奖金封顶是目标奖金的 3 倍，一般员工的绩效奖金封顶是目标奖金的 2 倍。举个例子，如果一个员工的底薪和奖金比率是 80：20 的话，员工 3 倍封顶时的工资和奖金比为 80：60，而 2 倍封顶时的比率为 80：40。

综合指标法的设计方式较提成法更为复杂。好处是可以帮助公司综合平衡业务的方方面面，不足是背后的测算过程较为复杂，也更难让销售人员理解。体系成熟的企业或产品更适用于这种奖金设计方法。

奖金方案何时调整?

销售奖金的设计是无法指望做到一劳永逸的。奖金的激励效果通常都有一个发展趋势:首先,奖金出台初期对员工激励效应明显,随着时间的推移,奖金的边际效应呈递减;其次,企业自身发展战略会有调整,各业务线的战略偏重会影响到对奖金的使用;最后,企业所在市场也是不断变化的,外部环境的变化也会造成奖金获取的难度增加或降低。

因此,企业通常需要定期审视其销售奖金计划,并在评估后随时做出调整。当公司出现以下征兆时,便需要考虑是否应该调整销售奖金:

第一,如果业绩排名最好的销售人员(销售队伍的90分位)奖金达到了挑战值,意味着挑战值所对应的 KPI 设计得可能不够挑战或挑战值本身过低,无法给绩效最佳者带来足够的激励;

第二,如果业绩排名最差的销售人员(销售队伍的10分位)能够拿到目标奖金的至少 40%~50%,意味着对绩效差的人员过于慷慨;

第三,奖金设计过于复杂,大部分销售人员搞不清楚自己的奖金是如何计算的。

此外,当公司面临企业购并、新产品上市、新市场开发和

新战略调整时，也需要检视当下的销售奖金设计，决定是否需
要做出相应的变化。

如何调整？

如果销售奖金设计合理的话，大部分销售人员在正常情况
下是可以拿到目标奖金的，否则奖金便失去了激励意义。

此时，销售目标的完成人数应该像我们在绩效管理目标中
看到的结果那样呈正态分布（如图 3-3 所示）。

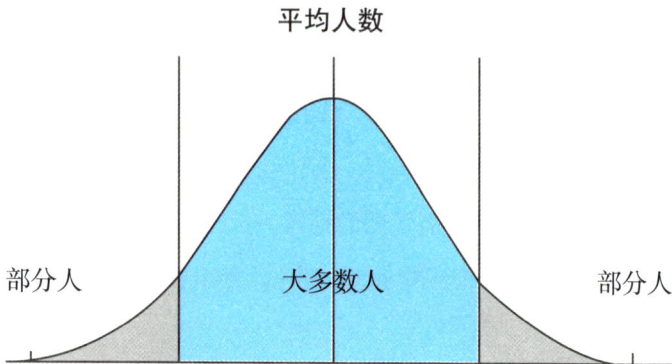

平均人数

部分人　　　　　　大多数人　　　　　　部分人

图 3-3　销售目标正态分布

一、门槛值

至少 90% 以上的销售人员都应该可以越过门槛值。假如超过 10% 的人无法达到，则有必要考虑降低门槛值。

二、封顶值

如果无人可以达到封顶值，需要考虑是否降低该值。一个参考标准是：绩效水平最好的 5% 的销售人员应该可以达到或者非常接近封顶值。

三、目标值

如果 60% 以上的销售人员都可以大幅超出目标值，则有可能是目标值定得太低了。

以上情况均属理论推导，具体的比例如何掌握还需要根据企业内部情况及市场实际进行调整。

除了上述角度之外，还可以从结果导向的角度来评估奖金的有效性，包括审视奖金设计是否真正带来了关键业务指标的提升以及奖金是否真正为销售人员带来了激励。后者可以通过考察公司对销售职位候选人的吸引力以及在职销售人员的主动离职率来进行评估。

HR

第四章

人才管理

如何打造有效的培训课程?

蒋跃瑛老师向我赠送了一本她的新书《企业大学从 0 到 1——800 天打造企业学习力和学习场》,利用周末的时间一口气读完了。

蒋老师曾担任中国电信学院院长助理和阳光保险集团阳光大学校长,在企业大学创建和运营方面经验丰富。在书中,她把自己创建阳光大学的全过程以讲故事的形式娓娓道来,让人觉得比一般的专业书籍更接地气和有人味儿。

书中最吸引我的是第六部分——培训经理的成长之路。原因有二:一个是工作的原因,我现在的岗位正好与培训学习有关。我带领了一个人才发展团队,负责为公司打造可持续发展的人才发展体系;另一个则纯粹是个人原因,我一直对培训师这份工作感兴趣且深怀敬意。

有兴趣是因为我喜欢站在讲台上的感觉,看到学员们有收获而让自己获得一种巨大的成就感。

有敬意是因为这份工作我有点高山仰止的感觉。我一直认为，如果你要去培训别人，那么你自己首先需要成为这个领域的大师。假如你自己都不够权威，又有什么资格去"培训"别人呢？

相信大多数人都和我一样，头脑中的那种培训概念还停留在学校里老师给我们讲课的印象上：讲台上老师口若悬河、滔滔不绝，讲台下学生们全神贯注、奋笔疾书。

我后来才逐渐意识到，今天企业中所面临的教育培训问题其实和学校那套教育方式有根本性的不同。

按照美国 ATD（培训与发展协会）对培训经理的胜任力要求，培训经理的岗位经验包括培训交付、教学设计、绩效改进、变革管理、知识管理、项目管理、教练辅导、评估学习和学习技术等多个领域。同时，培训经理还需要具备一定的专业能力，包括商务技能、全球观念、行业知识和人际技能。

从这份清单来看，这哪是一个普通的培训经理？简直就是一个复合型的、无所不能的专业技术人员！

我自己最近刚经历了一些培训课程的设计和交付，受此启发，正好有了一个参照坐标，可以把自己的心得整理出来。

培训师自我定位

我们今天在公司里接触的培训都属于成人教育的培训范畴，和学校里那种教师的授课有本质上的不同。

教师的角色是把自己脑子里的东西变成学生脑子里的东西，这是一个转移的过程；而培训师的角色是通过激发学员的学习兴趣和个人潜力，让学员通过课堂授课、自我思考和同学讨论来学会新东西。

教师的主要职责是传授知识，而培训师主要是引导思考和讨论；教师传授给学生的东西必须要自己先吸收了解，培训师引导学员学习的东西自己未必全懂。

了解这一点很重要，否则，培训师极有可能陷入教课的误区，把课堂变成一个个人表演的舞台，只向学员单向沟通那些"正确"答案，最终导致学员对培训失去兴趣。

培训中常见的一个场景是：培训师在上面讲得眉飞色舞，但是因为缺乏和学员的互动，下面的学员始终在被动地接受信息，最后只能是听得昏昏欲睡。

一旦培训师对自己定位准确，那么他和传统教师的做法会有根本的不同。表 4-1 是一个培训者（引导者）和教师的主要区别：

表4-1　培训者（引导者）和教师的区别

教师	引导者
·灌输 ·提供正确答案 ·单向沟通 ·指定学习任务 ·特定的学习目标 ·授人以鱼	·引导讨论 ·提出恰当问题 ·双向沟通 ·协调学习活动 ·融合大家的学习目标 ·授人以渔

因此，我在本文之初提出的问题也迎刃而解：作为培训师，并不要求你处处比学员都懂得更多。相反，你需要具备良好的沟通力、共情力和引导力，能够适时提出有效问题来激发学员思考，引导学员互相讨论，最后帮助学员自己找到正确的答案。

培训内容差异化

培训有三大核心要素：内容、培训者和学员。

内容是排在最首位的，良好的内容确保了培训至少可以成功一半。内容空洞的培训言之无物，培训者水平再高，也无法掩盖培训本身内容的空虚。培训内容需要培训者花大量的时间和心血投入，长期潜心打磨。

一般来说，培训内容有三种：知识、技巧和态度（如图4-1

所示）。从培训师的角度看，没有办法可以照一个方子抓药来解决所有的问题。培训师需要做的是针对不同内容对症下药。

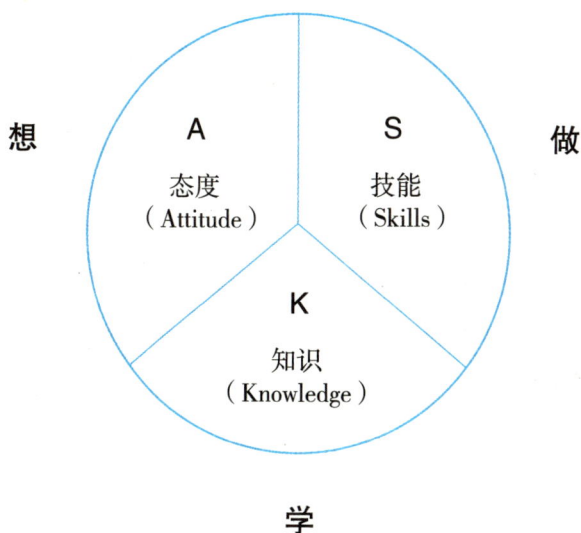

图 4-1　培训的三部分内容

一、知识类（Knowledge）

培训这类主题的关键在于"学"。知识的特点就是抽象、专业、枯燥。如果把知识留到培训课堂上来讲解，就容易陷入空洞乏味，因为想在培训课堂上让学员集中注意力来学习抽象的东西始终一件很难的事。

在培训课堂上，往往是你讲的东西越多，学员能够吸收的东西越少，最后还浪费了宝贵的培训时间。其实，完全可以把知识类的内容通过课前预习的方式，让学员大量地提前自学。只把少量关键的知识点留到课堂上，由培训师通过提问、讨论等方式来重点讲解。

二、技能类（Skills）

培训这类主题的关键在于"做"。比如谈话技巧、PPT 制作、员工辅导等内容都属于技能类范畴。俗话说"熟能生巧"，对技能类内容而言，最重要的是要让学员有充分的时间来练习。培训师在培训课程中应该至少保证每名学员花在听课和练习上面的时间是 50∶50。在练习的过程中，最好也提供机会来让学员之间充分互评。

我之前曾经在公司参加过一次管理者辅导下属的培训。所有学员被分成几人小组，确保每人都有充分的练习时间。在做情景练习时，两人一对一地模拟演练，其他学员围观，老师还在旁边负责录像。结束后，结合录像，由老师和学员对演练情况进行充分点评。连续重复三轮下来，学员的辅导技巧突飞猛进。

三、态度类（Attitude）

培训这类主题的关键在于"想"。此类培训的目的在于通过培训师的提问、启发、讨论等引导方式，达到让学员改变思维、意识和动机的目的。

这点和教练式辅导有点类似，培训师要具备充分的耐心，需要克制住自己忍不住想告诉学员正确答案的强烈冲动。要通过引导，最终让学员自己把答案悟出来。当然，在很多时候，很多问题也许连培训师自己也没有正确的答案，答案就藏在学员的自我认知和工作经历中，需要一个外部推力将其激发出来。

成人学习的特点

成人学员一般都有自己独特的学习特点。

首先，成年人都是带着自己多年形成的固有经验和观点来参加培训的，他们在培训过程中会有强烈的自我导向，你很难指望通过短短几小时的培训来改变他们业已形成的观点。

这就需要培训师具备包容能力。培训师应该首先认识到学员和自己之间观点或看法不一致是完全正常的。没必要在课堂上一听到和自己不同的观点就急于纠正甚至反驳。

培训的最终目的是解决实际问题。因此，重要的是通过学员这些问题的呈现，培训师可以发现学员身上更深层次的东西，搞清楚他们为什么会提这样的问题，对解决他们面临的实际问题到底会有什么影响和帮助？

其次，参加培训的学员都有强烈的目标导向。他们带着问题和目标来参加培训，希望能通过培训找到简单、实用、直观和迅捷的解决办法。因此，培训课堂的一大忌讳是讲大道理和那些正确的废话。

在设计培训内容之前，培训师应该首先列一个清单，然后一一自检：

· 培训目标是否清晰明确？

· 培训内容是否联系了学员的实际工作？

· 培训结果是否有可操作性？便于落实？

· 学员是否能够从培训中获益？

另外，培训师还要善于充分调动学员之间的互相学习，在培训期间形成一种"官教兵、兵教兵"的氛围。既然每名学员都是具有相当经验的，那么他们每个人身上必然具有一套自己独特的东西，可以为其他人带来价值。

培训师可以巧妙地通过讨论、提问等引导工具，充分激发学员之间互相探讨和交流，把答疑解惑的任务巧妙地转移到学员自己身上，让他们在相互学习中找到更实用的答案。

培训授课节奏的把握

成人学员的培训授课内容不在多而在精。有时候课堂上灌输的内容越多，反而容易导致重点信息被淹没，让学员失去学习重点。此外，在授课技巧上，也可以通过灵活掌握授课节奏来充分调动起学员的积极性。

我曾经参加过一次为期三天的培训课程，培训老师的功力极为深厚，他当时做的 PPT 很简单，几乎清一色的文字，图片很少，更不用说视频了。但是，他就很好地把握了整个培训的节奏，不断地让学员从一种学习模式转入另一种学习模式，在整整三天看似枯燥的培训中，我几乎没有一分钟打瞌睡，最后的学习效果也不错。

具体说来，培训有三个阶段：开场、主体和结尾。

一、开场

这个阶段需要注意的是亮出鲜明的主题。通过简单、直接的开场白，让学员把培训内容和自己的过往经历联系起来，同时让其明白培训内容将对其带来的好处，这样从一开始就牢牢抓住学员的注意力。

举个例子，在为新任管理者做领导力培训时，开场白可以这么来设计：

大家好，相信在座的各位管理者在最初走上管理岗位时，都会遇到一些跟团队管理相关的问题，比如：我到底该如何带领团队？我应该如何有效去如何激发和鼓励我的下属？我现在的工作时间该如何分配？

今天，我们的新任管理者培训将通过设定目标、辅导下属、管理上级和建立同盟四个模块，来全面学习新任管理者该如何实现从个人贡献者到团队管理者的角色转换，帮助大家避免踏入新任管理者常误入的陷阱、找到正确的管理方法，从而帮助大家更好地面对日后工作中的挑战。

二、主体

这一部分的培训内容应该充分体现逻辑性，一个比较常用的套路可以概括为：整—分—整。内容结构先从整体出发，然后细分为各个部分，各部分之间相互独立而又互为支撑，最后再重新汇总。

在授课形式上，应避免千篇一律的讲解（这也是最容易让人打瞌睡的地方），把讲解转化为：学—做—学。讲解一段，让学员练习一段，之后再讲解一段。不断地在学习和练习之间变换节奏，始终调动起学员思维的积极性。在我前面提到的三天培训中，那位经验丰富的讲师就充分地使用了这个方法。

三、结尾

通过总结来再次呼应前面的两个阶段，温故而知新，让学员有机会重温前面讲述的内容，避免忘记。

对于培训节奏的掌握，这里还有一个小窍门：如果是一天的培训课程，设计最好不超过 7 个单元（每个单元之间安排休息一次）；如果是半天的课程，最好不要超过 3 个单元。

如果放视频的话，最好不要超过 5 分钟。如果视频长度无法控制在这一时间限制内，那就放一段停一停，让大家先来讨论讨论，再继续播放下一段。

最有效的培训方式是训战结合

最重要的话留到最后：不要为了培训而培训。

很多公司把培训弄成了一种员工福利，导致员工参加培训的积极性不高，给员工自己的实际工作带来的帮助也不大。最有效的培训是把工作中的实际案例引入培训中，让学员在学中练、在练中学。培训结束后，学员也自然能摸索出来一套正确的解决问题的办法。

所以，现在也有越来越多的培训不再叫做"培训"，而改叫"工作坊"。

华为是一个把训战结合做得很好的公司。任正非曾强调：

"华为大学一定要办得不像大学，因为我们的学员都接受过正轨教育。华为大学的特色就是训战结合，结合学员赋予专业作战能力。"

华为在训战结合的具体和实际运用中，比如在培训一线管理者时，会首先在华为大学对学员赋能，完成第一阶段的培训。之后，再把学员安排到企业相应的岗位上，与客户对接，进行实际作战，检验培训成果。经过一段时间检验后，所有学员要再次回到华为大学，接受评委的答辩，不合格的就不能继续晋级。

这种从实践中来、到实践中去的培训办法，真正帮助了学员跨越从理论到实践的过程，把课堂上学到的东西做到了在实际工作中融会贯通。

一文看懂谷歌的招聘全流程

如果有人问我，HR 所有模块中最重要的一块工作是什么，我会毫不犹豫地说出是"招聘"。

为什么这么说？因为招聘解决的是人的入口问题。如果一个企业后期搞的各种人力资源项目再好，但是前期招入的人的质量不行，那最终也是无功而返。

谷歌是最早认识到这一点的公司之一。从谷歌创立之初起，哪怕当时公司只有 10 多个人，两位创始人也是严格把握人员的招聘标准，当时所有候选人在加入之前都需要经过公司其他多位员工的层层面试。

到了今天，谷歌已经发展成为全球超过 7 万名员工的一家跨国公司，但公司在招聘上依然要求异常严格。根据谷歌前任 HR 负责人拉斯洛在 2014 年的一场公开演讲上透露的数字：每年大约有 300 万人应聘谷歌的职位，最后被录取者约为 700人。换句话说，候选人被谷歌录取的难度是被哈佛、斯坦福这类顶尖大学录取难度的 20 倍。

有人认为招聘是科学，有人认为招聘是艺术。当每年收到如此庞大数量的应聘者申请时，你就不能再去相信招聘是光靠艺术就能解决的。谷歌采用的办法是实行数据驱动招聘决策，通过数据来弥补人本身经验和技能的不足，而不是靠人的主观判断来决定招聘结果。

谷歌认为，招聘是体现公司核心文化的关键环节之一，也是最值得公司投资的领域之一。

4E 标准的招聘流程

谷歌通过对大量招聘数据的分析得出结论：招聘流程必须满足 4E 标准才能确保公司能够挑选到高质量的人才。4E 分别是：

- Efficient——流程要效率高；
- Effective——流程要效果好；
- Experience——候选人在整个流程中要有良好的应聘体验；
- Equitable——流程要做到公平公正无偏见。

如果细看谷歌的前期招聘流程，简历收集和电话面试其实和其他公司并无太大差别。谷歌招聘流程与其他公司的差别真正体现是从现场面试开始。

首先，谷歌"剥夺"了用人经理的一项重要权力，让用人经理无法单独做出一个招聘决定。所有是否招聘某个候选人的决定都由一个招聘委员会来决定。

我认为这是谷歌在招聘上实行的一项重大创新。谷歌对招聘有一个最基本的要求，作为用人经理，你只能招入比你自己更优秀的人才。但是现实中，大家都知道，每个人的自然倾向是招哪些不如自己的人，这是人的自私天性所导致的。

谷歌的招聘委员会就避免了这种情况，招聘委员会具体如何运作在本文的第三部分"招聘委员会"将有详述。

谷歌通过对在职员工的海量数据进行分析发现，那些优秀的员工无论身处何种岗位，他们身上都具备四项共同的特点。基于这四项特点，谷歌创建了自己用人标准的特质模型，并在招聘流程中以此为标准对候选人严格筛选。

一、与应聘岗位相关的知识技能（Role-related Knowledge）

谷歌的招聘人员要确保候选人从进入谷歌开始工作的第一天起，具备必要的知识技能来完成本岗位的所有工作。

对候选人的知识技能评估方法根据岗位的职级高低而有

所不同。比如，对于初级销售人员，他们可能更多需要的是在工作中去学习，所以对他们的测试重点会放在沟通能力和影响能力上；而对于软件工程师，他们编程的能力对完成工作至关重要，所以对他们的测试就会集中在技术方面。

再比如，对一个高管而言，他们也许并不需要对某个特定的项目了解太多细节，但他们需要管理好和其他高管同事的日常工作关系以及应对非常挑剔的客户。

因此，谷歌在面试中会重点关注一个候选人所申请的工作岗位都需要哪些知识和技能。然后再考察哪些东西是他们进入公司第一天就需要具备的，哪些知识与技能是未来可以在工作中逐步学习和被培养的。

二、通用认知能力（General Cognitive Ability）

通用认知能力主要是指候选人在工作中解决复杂问题的能力。每个人每天都会在岗位上面临各种各样的问题，随时需要识别问题、抓住问题根源并提出解决方案。

因此，需要重点考察候选人在这方面的能力如何，包括：他们如何确保自己可以成功解决问题？如何在实际问题的解决过程中去学习和提升？候选人在以往的实际工作中是如何解决一些重大和复杂问题的？

谷歌考察的办法很简单，直接把谷歌目前面临的实际工作问题抛给候选人，看他们该如何解决。

三、领导力（Leadership）

这里的领导力并不一定指团队和人员的领导能力。谷歌认为，哪怕一个人没有下属，他也可以具备很好的领导力。

谷歌对领导力的定义包括：不管候选人的级别高低，而关注他们在工作中是否积极主动；是否对工作有责任感；是否具备对他人的影响力；在面临问题时是否能勇敢地站出来，指出问题等。

四、谷歌范儿（Googleness）

这项标准也是谷歌所特有的，具体是指人们对工作中的是非以及行为好坏的判断标准。比如，从公司食堂拿走最后一份零食就会被认为是非常不谷歌范儿的行为。

谷歌范儿类似于很多公司的企业文化，它是一家公司文化得以保持成功和独特的关键。鉴于每个人心中对于企业文化可能都有不同的理解，因此，对招聘官而言，每个人心里都需要非常清楚到底哪些行为才算得上是谷歌范儿，这样他们才能在招聘中确保无偏见。

招聘官会重点考察候选人的行为倾向。比如，当你看到公司中有不道德的行为时，你是否敢勇敢地站出来指出？你是否会主动去寻求别人对你工作表现的反馈，然后来指导自己获得提高？如果你领到了一项工作任务，你是坐等被别人告知接下来该怎么做，还是会大胆去做，勇于创新？

谷歌招聘负责人曾经在一次论坛上分享了一个案例：HR
部门招聘了一个员工，他需要从一个生活消费水平相对较低的
地方搬家到成本更高的硅谷地区。但谷歌的录用政策是先搬家，
入职之后再报销。

该员工认为，这种政策可能对那些从成本低廉的地方搬家
过来的新员工不利，因为他们在入职之前可能没有能力支付得
起搬家费用。HR 听取了他的意见，改革了原来的招聘流程。
这名员工身上体现出来的行为就是典型的谷歌范儿。

结构化的面试流程

谷歌的结构化面试（Structured Interview）是指先识别出需
要考察的人的特点，然后把它们导入一套标准和稳定的工作流
程中去，以此来确保招聘的高效、公平和公正，同时也能给候
选人带来良好的应聘体验。

谷歌曾经对所有参加过面试流程的候选人做过调研，发
现结构化面试流程下的候选人体验比非结构化的时候提升了
35%。尤其是，未来很多谷歌面试的候选人很有可能以前曾经
被谷歌面试过。所以，让他们愿意重走一遍面试流程是至关重
要的。建立结构化面试流程的关键主要有三点。

一、使用与面试岗位相关的高质量面试问题

谷歌发现，招聘提高效率的关键就在于，持续地使用一套标准的高质量面试问题，而不是每个人在招聘过程中去随心所欲地提问。

谷歌 HR 部门开发了一个在线工具，根据岗位高低，输入岗位级别后，直接出来相关的面试参考问题。针对每一个要考察的候选人特质都有标准面试问题。在面试之前，由 HR 提前将问题发给面试官，每个面试官分工不同，分别考察候选人身上不同的特质。

谷歌的面试问题分两大类。第一类是行为类问题：问题主要集中在候选人的过往经历，考察其是否匹配正在申请的职位。问题举例：告诉我你曾经的一次经历，你是如何通过影响你的团队最终做出了一个困难的决定？或者，告诉我你最成功的一次说服客户的经历？

根据这些问题再深入提问，包括了解候选人在解决这些问题上都采取了哪些步骤？动用了哪些资源？如果现在让你重做，你会在哪些地方做得不一样？等等。

第二类是假设性问题，即候选人会如何解决未来岗位上存在的一些实际问题。众所周知，谷歌是一个创新型公司，在谷歌工作，你可能会遇到在其他地方从未遇到过的问题，这就对候选人的开拓创新能力有很高的要求。

比如，问题可能是：如果你在开发客户的过程中遇到了一个很难对付的客户，你会怎么做？假如你所负责的项目很长时间推动不顺利，你会怎么做？等等。

二、对候选人的回答按既定标准评估

先建立一套问题回复标准，然后以此来评估每名候选人的回复，这样做有几个优点。首先，可以确保面试官客观稳定地评估候选人的回答；其次，可以确保所有候选人在面试中被公平对待；最后，可以准确地预测候选人在未来工作中的成功可能性。

谷歌对所有的面试问题都提前制定了四类标准：差的（Poor），一般的（Mixed），好的（Good）和优秀的（Excellent）。凡是问题回复是 Poor 的候选人基本上属于被淘汰的类别。

比如，考察候选人的项目管理能力，如果面试的是初级岗位，如果候选人不能优先安排好自己手头的工作，他就会得到一个低分；相比之下，如果一个候选人既能优先安排好自己的手头工作，还能安排好其他团队成员的工作，那就会得到一个高分。

同样是考察项目管理能力，如果面试的是高级岗位，答案标准就会发生相应变化。那些能够在整个组织内部安排好工作优先顺序的人才会得到高分。

不仅如此，谷歌还要求所有参加面试的面试官写下详细的面试反馈。不仅写下面试官自己对候选人的评论，还要写下候选人回答问题给出的具体答案。

待每次面试结束后，招聘委员会成员会聚在一起，汇总并仔细阅读每个面试官的书面报告，然后对照前述的问题回复标准，最终给出评估意见。通过这种形式，谷歌可以最大程度地避免因为某个面试官个人因素而导致一个候选人的入选。

三、对所有面试官的培训和校准

谷歌内部所有的面试官都必须在参加第一次面试前接受HR的标准培训。新任面试官可以先去现场观摩那些资深面试官的面试。HR还会尽力给面试官大量的反馈意见，并经常组织面试工作坊，反复练习，提升大家的面试水平。

值得一提的是，谷歌还会让候选人对面试官给出反馈。研究发现：面试官在整个面试过程中对候选人的影响最大。每次面试结束后，HR会发问卷让候选人对面试官给出反馈意见，然后把回复整合后以匿名形式发给面试官们参考。

招聘委员会

谷歌成立招聘委员会的初衷就是确保没有哪一个人——包括用人经理自己，能够直接单独影响一个员工的招聘，以此来确保公司的招聘流程是公正的，以及最终招到的每一个人才都是真正高质量的。

因此，对招聘委员会成员的挑选标准也非常严格：比如，该成员不能直接介入过本岗位的招聘，没有推荐过该岗位候选人，也不是来自该岗位所在的部门，之前没有面试过该候选人，等等。

HR 也会对招聘委员会成员进行无偏见决策和群体决策培训，不断给他们反馈，帮助他们提高面试水平。

成立这种跨部门的招聘委员会本身也是强化公司文化的一项好措施，它通过从上到下的做法，具体落地了公司挑选顶尖质量人才的企业文化，也通过具体举措让所有人相信了招聘并不仅是 HR 部门的责任，而是公司每一个人的重要责任。

候选人体验

谷歌根据对大量数据的研究发现，如果候选人在面试流程中对公司的面试体验持肯定态度，他们最后接受这家公司的录用通知的可能性会比那些没有肯定态度的人多 28%。尤其是，如果候选人手上还有竞争对手的录用通知的话，接受谷歌的录用通知的可能性更是提高了 44%。

候选人哪怕最后没有获得面试公司的录用通知，但他们回去后会把自己的亲身体验告诉身边的人，也会帮助公司吸引更多的潜在人才。

Netflix（奈飞）公司前任 HRVP 曾经对公司的招聘工作有一个具体要求，那就是：让每一个参加面试的人在面试结束之后都想加入奈飞。因为你永远不知道参加面试者身边的某个朋友或邻居也许就是你接下来想要招入的人。

谷歌的另一项数据分析显示，有三个因素对提升候选人面试体验至关重要：

·面试流程周期的长短；

·候选人是否知道公司对自己的要求和期望，以及清楚该如何准备这次面试；

·候选人在面试过程中的亲身感受。

先说周期，早期的谷歌面试流程长达 4~6 个月。面试被拉得很长通常是因为员工会接受很多轮面试，再加上面试官的时间很难凑到一起所导致。

谷歌通过数据分析，发现面试官超过 4~5 人以上时，面试官数量的增加并不能带来保证最后录取的候选人质量的提升。基于此，谷歌改革了招聘流程，确保每名候选人在整个面试流程中最多接受不超过 4~5 人的面试，面试流程平均周期也下降到了 45 天左右。

再说说面试体验，现在这已经成为了很多公司在打造招聘流程时重点关注的环节，一些公司的细节落实甚至到了候选人在等候面试期间知不知道公司的免费 Wifi 密码、知不知道卫生间怎么走，等等。

奈飞公司前 HRVP 在《奈飞文化手册》一书中曾经提供了一个生动的案例，来描述公司是如何打造候选人体验的：该公司有项硬性规定，不能在公司内看到一个应聘候选人单独坐在一个地方等候。假如有奈飞员工看到了，应该热情地走上前去和该候选人聊天，直到面试官到来。

2016 年，谷歌曾经公布了一项调研数据，被采访的落选候选人中，有 80% 的人说他们喜欢谷歌的面试流程，并愿意将谷歌推荐给身边的亲朋好友。

这个数据充分说明了谷歌投入到提升招聘体验方面的努力所产生的良好效果。

提问的力量

上周我有机会在苏州参加了一次行为领导力课程，同时还受邀在课程中担当教练，为学员提供一对一辅导。这次上课体验非常特别，收获颇丰，这一节我们聊聊这次辅导的经过和感受。

该课程已经举行了 52 期，每期持续 5 天，其中一整天是学员辅导时间。按要求，我需要给四位学员做一对一辅导。他们背景迥异，来自不同的公司和岗位。四个人有一个共同点，都是所在公司的中层骨干管理人员。

作为辅导的一部分，他们也带来了自己平时工作中遇到的挑战，话题分别涉及下属发展、跨部门合作、职业发展等不同领域，希望能从我这里获得答案。

不过，在整个辅导过程中，作为导师，我几乎没有直接给学员提供任何答案。在和每名学员交流的约两个小时的时间里，基本都是我在全程提问。

结果非常有意思——学员们通过我的提问，自己悟出了想要的问题答案。

辅导效果怎么样？收到书面反馈结果，得分 9.33 分（满分 10 分）。这个结果还是比较令人满意的。

有朋友后来问我有没有什么提问清单？

其实我当时并没有提前准备任何详细的问题清单，完全就是依靠 GROW 谈话模型，然后结合临场情况随时应变，在每个阶段适时地提出自己的问题，一步一步引导学员最后自己得出答案。

在我之前的一篇文章（《如何成为一名激发潜能的管理者？》）中曾经专门介绍过 GROW 模型：它是一种基本的教练式谈话套路，G 代表 Goal（目标），R 代表 Reality（现状），O 代表 Option（选择），W 代表 Will（意愿）。

为什么让对方自己得出答案如此重要？试想一下，平时你如果作为上级在辅导下级的时候，下级问你一个问题，你直接把答案抛给他，此时解决问题的责任便发生了转移——原本提问者自己是负责这个问题解决的，现在变成了你。

从你那里得到答案后，对方可能会毫不过脑子地去直接套用答案，自己并不会花心思去琢磨到底这个答案是如何得来的。其结果是，如果下次遇到同类问题他依然会再来找你。

问题解决了倒好，倘若最后没得到解决，对方也不会觉得责任在自己身上，很正常啊，因为领导给的答案不对嘛，跟自己有什么关系呢。

但是，如果一个问题的答案是提问者自己琢磨出来的，责任就不一样了。他会认为，这是我得出来的解决办法，我必须负责把这个办法执行下去，直到问题解决。这种责任感不但会帮助提问者妥善解决这次的问题，而且下次遇到同类问题时他也会举一反三。

一个月前，我在给一家企业做内训时就现场遇到过一个案例。然后，我完全靠遵循 GROW 提问模式，一步一步地帮助学员得到了想要的答案。

当时的真实对话全过程还原如下：

背景：这名学员是该公司营销部门一名年轻的经理，下面带有 7~8 人的团队。他在课间休息找到我，希望寻求团队管理方面的帮助。

学员：我团队里有一个员工，他总是不能对自身价值有清楚认识，不能解决问题，而且还经常推卸责任，把问题甩给研发，引来很多抱怨。

我：你自己的要求是什么？你期望这个员工怎么做？

学员：我希望他能够清醒地认识到自己的问题，提升自己的敬业度，真正能够为其他部门带来价值。

我：那他现在的问题都出在哪里？

学员：他现在的态度、技术和工作方法都有问题。

我：好，那我们就重点来解决你说的这三个方面的问题。如果假设一种你所期待他能够成为的最完美的状态，他应该是什么样子？

学员：第一，他应该具备一定的技术能力，可以解决技术上的难题；第二，他如果有问题的时候，应该随时寻求组内其他同事的帮助，不会轻易推卸责任。

我：假如 10 分是满分，他现在这个状态，你愿意给他多少分？

学员：5 分。

我：那他要如何做才能从 5 分提高到 10 分？

学员：第一，他的态度得改变，要正确认识自身价值；第二，他的技术和工作方法都需要提升。

我：这事都跟哪些人有关？他们分别对此持什么态度？

学员：相关的有三类人。第一：研发，他们总是认为这个人在甩锅；第二，我们自己的团队，其他人对他的行为都不认可；第三，客户，他们认为这个人耽误了他们的工作。

我：哦，那好吧。我们想想有啥办法改变这个情况。你现在手上都有哪些办法可以来帮助他呢？

学员：哦，我得想想。

我：你见过公司里其他团队的领导遇到这种事，一般都怎么做？

学员：（思索了一下）他们好像团队内部分享交流挺多的。

我：好，那你再仔细想想，至少你现在回去可以做什么事情来帮到他？

学员：（继续思索）嗯……在技术方面，我觉得我需要多关注他，对他加强培养，排查问题，提高他的技术能力；在态度方面，我觉得他应该学习别人是如何处理类似问题的。在学习方法方面，我可以多给他提供一些相关的培训机会，让他多参与相关项目。

我：很好，还有其他的办法吗？

学员：哦……我还可以多组织团队内部的分享活动，让大家各抒己见、交流看法，多给他本人反馈。

我：这些办法听上去都不错呢。那你准备啥时候开始实施？什么时候会是最好的时机？

学员：下周我们团队人齐，我准备回去下周四就先做团队分享这件事。

（此处略去若干字）

看完这个对话，你是不是对最后的结果感到很惊讶呢？

如果下次遇到类似场景，你的下属来找你求助一个问题，不妨考虑试用一下上面这个谈话方式。

当然，除了 GROW 模型，我自己总结出有效谈话的一个最基本要素在于：从心出发，让自己真诚地关注谈话者，从心底里对谈话者的问题感兴趣。倘若一个人在谈话中无法做到全情投入，再有用的模型也是白搭。

和管理者们的深度交流

曾两次参加麦斯顿咨询公司领导力的管理者辅导。我很享受这样的辅导过程，说是辅导，其实更多是与人面对面的深度交流。在一个半小时的时间里，被辅导的管理者把自己平时团队管理方面的困惑和问题拿出来与我们分享，然后双方一起交流、探讨，直到对方被启发，拿出一个让他们有信心回去实施的方法。

对我而言，每次这样一对一的交流也是一次极好的学习过程，自己也总能获得一些新东西：对方的业务领域、管理心得、个人风格等。如果说每个人都是一本书，这样的一对一交流就是在读一本书。

交流的人多了，总会从他们身上看到某些共性的东西。通过这两次对总计 8 名业务管理者的辅导，我看到的几个挑战如下：

挑战一：团队管理中的多元化与包容性

多元化和包容性就是要接受团队成员的多样性，容纳他们不同的观点。为什么要这么做？因为如果所有人的特点都一样，就会陷入同质化的危险。而团队中一旦无法产生新想法、新点子，对那些业务以创新为主的团队来说就是一个灾难。

道理说起来很简单，但在实际工作中恰恰被很多管理者所忽视。比如，在招人时，喜欢拿自己作为标准衡量他人，就喜欢挑那些各方面都像自己的人；在日常管理中不由自主地忽视甚至压制团队中那些反对意见。

这次辅导了一位管理者，领导给他明确提出的要求之一是打造团队、选拔和发展下属。但是他费了半天劲却发现团队成员同质化严重，人人都非常保守谨慎，安于现状，很难从中拔出一个能担当重任的人来。后来我们一起深挖原因，才发现他心底里原来就是喜欢这种人。因为他觉得这样的人好管，平时也按这种标准去招人，久而久之，团队就成了今天的样子。

挑战二：只有"简单的爱"，没有"严厉的爱"

"简单的爱"和"严厉的爱"是一名管理者在对待下属时展现的两种风格，前者表现出和蔼可亲、宽厚仁慈，后者则严格要求、厉行禁止。对于一名优秀的管理者而言，两种风格缺一不可，过于偏向任何一个极端都无助于有效的管理。优秀的管理者善于在二者间保持平衡。

在现实中，我观察到的偏"简单的爱"的管理者更多一些，很多人甚至会不自觉地走向了极端。有一位经理告诉我，她平时对下属非常好，好到下属工作中出了问题也舍不得说一句重话。之前和下属开展一次绩效谈话，也因为她把好话说得太多、问题讲得太少，而没有让这名下属对自己的绩效下滑引起重视。最后事情到了不可挽回的地步，公司因为绩效问题最终让这名下属离职，二人间的关系也因此破裂。

这就是一个典型的没有平衡好"简单的爱"和"严厉的爱"的案例。对员工宽厚待人没错，但是当员工表现出现问题的时候管理者就该展现出严厉的一面。不论别人对你的期望是什么，管理者的本职工作是要带领团队把业绩做好，这样团队才有业绩、才有奖金，下属才有晋升的机会，这才是对员工最有意义的爱。只求短期的一团和气，员工业绩下滑仍不予批评，最后给员工造成的可能是永久的痛苦。

挑战三：建立影响力

有几位我辅导的经理不约而同都提到了自己迫切希望建

立起影响力，既有对上级的影响力，也有对兄弟部门的影响力。

有位负责某技术平台的管理者根据自己多年的经验判断，认为公司某个技术平台做得差强人意，亟待重新做出短期和长期规划，然后加大投入予以重建。但是，这个提议每次拿到领导面前一请示，领导永远都是两个字："不急"，最后这名经理弄得自己也很郁闷。

于是我就引导这名经理分析，到底在领导眼中什么事情最急。通过帮助他分析公司的年度工作计划以及领导的历次讲话，他得出结论：领导现在最关心的是产品销售。接下来，我又帮助他在实现销售目标和改善技术平台之间建立连接。几番对话下来，他一下子有一种豁然开朗的感觉，也清楚了回去改如何说服领导支持自己的提案。

影响对方的前提是理解对方的真实需求，而要理解这种真实需求，最有效的一个方式就是换位思考。逼着自己换到对方的角色里，想想如果我是对方会如何思考这个问题。无论是对领导的向上管理，还是和兄弟部门的同级沟通，都是如此。

《奈飞文化手册》里介绍过一种更聪明的方法来推动人们换位思考。奈飞公司的做法是，持不同意见的双方需要在同事们面前展开公开辩论，辩论中最巧妙的一个安排是：辩论人需要从对方的角度出发来替对方辩论问题。相信经过这样的思辨过程，每个人都更容易开始接近理解对方的立场。

Coursera是如何与谷歌和脸书争夺人才的？[1]

当约翰·斯安科迪（John Ciancutti）于1999年加入奈飞公司时，他加入了一个四人的工程师团队。几年后，他成为一名工程师经理，之前他从来没有做过这种角色，责任也增加了不少：主要是寻找并招募更多优秀的工程师。现在难以设想当时的奈飞是一个毫不知名的小公司，约翰·斯安科迪不得不想尽办法去吸引那些世界一流的人才。

到了2012年，当约翰·斯安科迪以产品工程副总裁的身份离开奈飞公司时，他已经招募了上百名工程师，并帮助奈飞建立成为一家在市场上可以制胜的知名企业。

后来，他先后在脸书和Coursera公司任职（目前担任Coursera的首席产品官），并在两家公司进一步提炼了自己的招聘秘诀。在Coursera，他负责工程、产品管理、设计、数据

---

[1] 本文作者为Camille Ricketts，译者为范珂。Coursera是2012年诞生于美国的教育科技巨头企业，曾在全球范围掀起MOOC（慕课）浪潮，中文名称为"课程时代"。

分析及运营。在三家公司任职期间，他不仅亲自招聘，还教会了很多工程师经理如何做好招聘。

今天，约翰·斯安科迪面临着他在奈飞遇到的同样的挑战，如何与谷歌和脸书这样的巨头去争夺优秀的人才。竞争对手拥有丰厚的薪资待遇和完美运作的招聘机制，要想赢得和他们的竞争并不容易。然而，在两年不到的时间里，约翰·斯安科迪设法帮助 Coursera 公司的工程师团队从 25 人增长到 80 多人。

在这期间，约翰·斯安科迪开发出了一套招聘手册，帮助那些创业公司的招聘经理们在竞争中赢得先机。在一次 CTO 的峰会上，他分享了自己打造成功招聘流程的理念、原则和分为四个阶段的具体做法。

以终为始

在你开始招聘之前，一件重要的事情是：你必须从一开始就要具备以终为始的思维，思考如何完成整个招聘，这种思维需要贯穿于你和候选人的所有互动过程中。

作为用人经理，你是候选人做出决定的最重要因素。"如果他们不认为你是一个了不起的经理、伙伴或能给予自己支持的人，他们就会认为你的公司也不再重要了。他们是不会加入你的。"把每个候选人真正当作一个候选人去对待（直到他们最终不再是一名候选人），会帮助你带来一段美妙的体验。

很少有人这么认为，但是，招聘流程真的应该帮助人们建立起一种关系。约翰·斯安科迪说："你要知道，候选人会评估他们与你、团队及公司的每一次接触。当你决定招入某人时，你也希望有一种感觉，'哦，就是他了！'"

只有用人经理可以建立起这种关系。"你不仅要知道你需要招什么样的人，还需要确切地知道他们的动机是什么。"约翰·斯安科迪这样认为："每名候选人都在寻找一些不一样的东西。你的工作不是去兜售这个职位，而是帮助企业和候选人双方完成匹配。你知道你的公司擅长什么，以及何种人才能够在此取得成功。你必须在基于完成一次完美的匹配的前提下去理解每一个候选人。这样会帮助你更好地决策，也增加了你最后成功招聘的概率。"

在招聘流程中的每一个关键节点上，你都可以朝着实现以上目标努力。

搜寻

即便你的公司有内部或外部招聘专员，他们的作用也都应该被视作是辅助性的。工程师用人经理应该为自己团队的职位搜寻候选人。"你应该自己对招聘流程负责。"约翰·斯安科迪说："你的人际网络可以取之不竭。人所处的环境是变化的。某个人在 6 个月或 12 个月之前不合适，现在也许是一个非常合适的选择。此外，你新招入的每一个员工都扩大了你的社交网络。这会成为你最佳的人才来源。"

当你坐下来开始做搜寻工作时，瞄准那些最相关的公司。像脸书这样的巨无霸公司在搜寻人才时会撒下一张巨网。但作为一家创业公司，你需要更精准一点。"不要认为，哦，谷歌有很不错的工程师，所以我要从谷歌挖人。多想想你招来的人要做什么角色的工作。这个职位需要何种技能？哪些公司是具备这种技能的典范？那里有哪些人是最优秀的？你最后得出的人员名单可能与你想象的完全不同。"

这是漏斗的顶端，不可否认这项工作做起来非常具有挑战性。约翰·斯安科迪说："大多数工程师经理从本质上讲都很内向，我也是如此，你必须要去拥抱这个事实。这不是关于在两周的时间里喜欢和 20 人喝咖啡。这是关于你最终要和卓越聪明的人一起共事。"

你要做的第一件事就是开始尽可能地去和人交谈。在会展上跟人去聊天。请你的朋友们帮助你联结他们的朋友们，让球滚起来。"你所交谈过的每一个人都会教会你更多关于你的公司那些让人兴奋的东西。"

跟人交谈的时候，你就会对某个职位哪些地方有吸引力更有感觉。别人对你的问题反应会非常强烈，你的回答也会变得越来越好。但是，如果你不去获得别人的注意力的话，这些都不会发生。

"不要让招聘专员去做上面这些事。面对那些重量级的候选人，这种做法会让你减分。你必须亲自出击。你要让候选人知道他们身上哪一点让你感兴趣。"

如果你在为一家创业公司招聘人才，你必须假设人们从未听说过该公司。在候选人面前引用任何你们共享的联结。可以是简单的一句："嘿，辛蒂，我发现你在进脸书公司之前在'为美国而教'工作。我也在一家教育初创公司。很显然你对教育充满热情。"

也许你也在脸书公司工作过，把它说出来。也许你知道他们招聘团队的一些人。关键是你要强调你是非常真实的，在所有你交谈过的人当中，你对这名特定的候选人身上的某个方面非常感兴趣。简要地介绍你自己、你的公司以及为什么他们的背景看上去很合适。把该职位联结到超越他们目前所做工作的东西也是很有必要的。

你要立即和他们创建一种联结，你也要建议具体的行动："下一步我准备这么做。你愿意这样做吗？"

约翰·斯安科迪建议："可以这样说，'让我们聊聊，可以是一个电话或一杯咖啡。'没人会先选咖啡。很多时候都是从一个电话开始，这没问题。关键在于，只要能够有办法让他们知道你对他们感兴趣就可以了。"

成功就是要取得回应。即便候选人说不，你也学到了一些东西，他们也能扩展你的圈子。他们可能对这个机会不感兴趣，因为他们对现在的工作很满意，但是愿意给你引荐别的人。你不希望看到的是沉默。你应该密切关注你的回应率，可以做一张表格来跟踪。如果没有回应，你需要做出调整，换一种方法。

假如辛蒂回复你了，现在你准备开始筛选。在这个时候，你对候选人心存疑问是可以的，但是他们身上应该有让你兴奋的东西。先不要把期望值设得过高。不要让其他人介入现有过程。这时你只是去做一次谈话。

"在筛选中，你的目标应该是理解他们的动机。他们为什么愿意花时间来和你交谈？记住，他们在评估你所做的每一件事，所以，你的沟通要迅速，一旦发现他们不合适就可以到此为止。"

约翰·斯安科迪通常在开始电话交谈之前会做一个快速的自我介绍：这是关于我，这是我的公司。你可以提前写几句草稿。总而言之，介绍应该做到简明扼要。

之后，他会深入了解候选人背景。约翰·斯安科迪说："要注意他们是怎么介绍自己的。当你让某人做自我介绍时，你应注意他们都选择分享哪些东西，他们被什么所吸引，他们在意什么样的内容。你可以从他们想要的东西中获得很多信息。"

为了更好地了解他们，考虑下面这样一些问题：

· 你为什么愿意抽时间来和我交谈？
· 你喜欢你现在公司的哪一点？
· 你所在的岗位有什么独特的地方？

"不要光注意他们说的话，还要注意倾听他们的声音。"
约翰·斯安科迪说："他们是否有热情？很兴奋吗？如果他们
对现状不满意，这是个不好的信号。他们无须热爱目前工作的
每一方面，但是一个人怎么做出决定在哪里工作能说明很多事。
他们在哪里念的书？哪里做的实习？这些经历中有哪些是他们
喜欢或不喜欢的？"

当你打完筛选电话时，你应该能够回答如下问题：

· 这个人目前从事什么工作？他们为什么对做这个很感
兴趣？
· 他为公司带来了什么影响？
· 他们为什么会选择做某个项目？

理想的候选人应该对自己工作非常有责任心。如果他们谈

论某个正在完成的项目，你应该可以对他们提问并获得答案。如果他们的回复是："哦，还有其他人负责这一块"或者"这个不是我负责的领域"，那这就是一个很大的警示信号。

约翰·斯安科迪认为，你应该聘用那些对自己工作真正热情高涨的人，他们了解自己工作的每一个细节。如果你认为一个人不合适，那么就中止电话交谈。

迅速出击是你与那些大公司相比较的另一个强大优势。

如果某人比较合适，在谈话中就要确定好下一步安排。你必须迅速行动。"大公司都很慢，因为他们流程冗长，需要协调很多人。大多数时候，速度是你最有力的武器。如果你觉得这次电话交谈不错，第二天就安排一次和对方喝咖啡。"

喝咖啡

约翰·斯安科迪说："我总会把喝咖啡作为下一步，我不会直接把会谈变成面试。因为这样可以制造一个轻松对话的环境，我们也可以更好地互相了解。"

记住：迅速行动、准时、提前做好准备。思考有哪些事情可以把你和对方联系在一起，比如共同的习惯、朋友和爱好。你希望他们能喜欢你。

喝咖啡是一个完美的机会，可以让你更深入地了解他们的个人动机和过往决策。他们是否能够从自己每次做的决定中学到一些东西？他们做的决定是不是越来越好？你是否认为他们在职业生涯期间的目标都是合理的？他们是否雄心勃勃？

"你希望获得所有这些问题的答案，但是你的另一大目标应该是激起他们的兴奋点。"约翰·斯安科迪说，"假如你们一起喝了咖啡，然后候选人们决定不参加下一轮现场面试，这就是一个很糟糕的信号。说明你在喝咖啡过程中有的事情做得不够好。也许你和候选人之间没有化学反应，也许你们的谈话偏离了轨迹。你需要尽力促成从咖啡到面试的转化。"

当然，如果你对候选人信心不足，应立刻中止整个流程，然后向对方解释。这样你可以把你的时间投资到其他候选人的身上去。

如果你还心存侥幸，你可以说："知道吗，我真的很喜欢这次谈话。接下来的几天里，你是否有几个小时的时间可以来我们公司，见见团队里的其他人？"如果对面试不是感到令人生畏，人们一般都会同意这个邀请，这也可以让你把这个热乎劲儿保持下去。

面试

如果候选人来公司面试了，你需要第一个去迎接他们。"不论用人经理是谁, 确保日程上有 50 分钟。候选人也许会局促不安, 但他们认识你, 你可以用这段时间来帮他们放松, 并讨论下后面的安排: 他们会见到谁、整个面试的内容有哪些。"你希望他们感到你站在他们一边以及你给他们带来了一些优势。

面试的结构和内容是用人经理的职责。以下是一个典型的 Coursera 面试设置:

第一次面试之后应该安排一次编程练习, 考察候选人的编程能力如何。在课程时代, 候选人会被安排有 90 分钟来独自编程。然后面试官会回到现场, 和候选人一起过一遍编程结果, 以更好地了解他们的思路。

约翰·斯安科迪建议第二次面试的主题是有关文化的。"你希望有别人来评估这个候选人是否能够融入团队和公司。很显然, 在电话面试和喝过咖啡之后, 你已经有了一些想法, 但是再做一次确认总是好事。"

在这之后, Coursera 会让候选人做另外一次技术面试, 通常是跟他们自称非常擅长的领域相关的算法或任务。这一次, 会有更高级别的人和他们一起分析任务完成情况, 了解他们对该技术的熟练掌握程度。

当天的最后一次面试也是关于匹配度的。约翰·斯安科迪说: "也许你之前是想找判断力和个性强的人, 但这次要真的聚焦在领导力上面。我希望寻找问题的解决者，我希望听到候选人说尽管这不是他们的责任但他们能设法解决它。困扰他们的难题都是什么？他们是如何应对的？他们是否对自己的决定和项目承担责任？他们是否有责任心？"

这一部分也可以用来检验好奇心："你并不希望找一个一直埋头做事的人。你希望找一个能够理解公司业务的人。他们可以成长为能力更强大的人。"

为了让面试取得最大的成果，你需要一些很棒的面试官。他们应该是你团队最优秀的人。你非常相信他们，而他们也能够很好地代表你。

你可以通过一些方法获得他们的反馈。要么在面试结束后和他们一对一交谈（你不希望他们之间互相影响），要么建立一套系统，让大家可以写下并发送自己的想法。最重要的是，让每个人趁热打铁地把反馈写出来。约翰·斯安科迪说："你必须为团队成员设定期望，以此来强化招聘的重要性。"

还有一件必须做的事情：你需要跟踪全天的面试进度。假如一个候选人很明显不合适——也许他没有通过编程练习——那么就中断面试过程。不要觉得你必须完成整个流程："刚开始的时候这样做有点怪，但你会适应的。不管你是否相信，我这样干过，而且和候选人还保持了不错的关系。人们会尊重你为了不浪费他们时间而做的努力。"

如果候选人坚持到了当天最后，用人经理应该再次会见他们——这次不是面试，而是一次友好的交谈。候选人可能会对面试结果感到忐忑不安，利用这个机会让他们放松下来，让他们对你感到更自在。回答他们提出的任何问题，而不是冷冰冰地结束面试。"

这次谈话还有一个目的，那就是看看候选人考虑得怎样了。不要羞于询问他们还在面试哪家公司，如果他们回答说是，要问他们别的机会在哪方面吸引了他们。问他们对你的公司感觉如何？对公司最感到兴奋的一点是什么？顾虑是什么？当天的面试中，哪一轮是他们最喜欢的？

另一个关键问题是他们当下的薪酬，以及他们是否和别的公司已经到了谈录用的阶段。如果是的话，他们希望获得一个什么样的条件。约翰·斯安科迪说："看起来似乎大多数人不愿意主动透露这种信息，但事实却是，我们在 Coursera 面试的候选人有 85% 会告诉我们一些细节内容。特别是年轻人，他们很自然的反应是不会告诉你这类信息，但是你可以告诉他们说这类数据可以帮助公司更好地了解市场。人们通常都愿意提供自己的帮助。"

这也是你能够了解的最好的市场数据来源——信息不但及时，而且直接来自你希望聘用的候选人。这些数字非常有价值，所以你值得一试。

在结束这次谈话会后，告诉候选人下一步是什么，比如："我会去和你今天见过的每一个人沟通，我们明天的某个时候再联系。"这时，你可能已经见过好几个面试官了，也基本确定你接下来要做什么了。

为了稳住候选人，你应该在结束的时候表现得对他们更有兴趣。约翰·斯安科迪说："你必须迅速行动，即便你希望面试其他的候选人。你应该和这个候选人保持密切联系，让他们知道接下来会发生什么。"

一旦你和每一个面试官沟通完，你就可以下决定了。关于如何做招聘决定，会有各种各样的理论。但是 Ciancutti 坚决认为用人经理应该做出最终的决定，这不是少数服从多数的时候。

让用人经理下决定，让他们为自己做出的决定承担责任。

此外，如果你会做招聘数据的分析，你应该会对招聘官们有如下的一些分析结果：

· 有多少候选人是用他们一开始比较喜欢，后来成为优秀员工的？

· 他们招来的人后来在公司待了多长时间？

· 这些人的生产力如何？

·他们是否匹配公司的文化？

你可以就此建立起一些可追踪的记录，使用这些信息来帮助你自己做未来决策。你也可以通过这些信息发现，团队中有哪些人需要培训才能成为真正优秀的用人经理。

结束

如果你在面试当日结束时坚信某个候选人非他莫属，你可以在接下来的一天完成流程。你需要亲自来做这件事，而不是让招聘专员或你的老板来做。

约翰·斯安科迪的建议是："可能的话，在面试的转天就给候选人去电，尽可能详细地告诉他们你为什么看上了他们以及你为什么认为他们非常合适。结合他们的动机，向他们解释这个岗位和公司使命的关系。告诉他们你知道他们跳槽的原因。"

如果你真的相信你的公司对候选人来说是最佳选择，不要有丝毫犹豫。

约翰·斯安科迪说："你可以做的一件事是谈谈你为什么在今天的位置上以及你为什么对这家公司充满热情。让他们听到你的声音。在这个阶段，建立起这种联结是非常重要的。"

不论如何，你都会面对竞争对手，不要小视他们。你可以很坦诚地把你公司和竞争对手之间的差别列出来。你需要强调你的公司和职位到底有哪些特别之处。候选人急于知道关于这份工作的更多数据，你需要对他们直言不讳。

影响候选人的因素之一当然是薪酬。很多面试者倾向于对薪酬含糊解释。千万不要这么做。在你和候选人谈话之前，拿出一张表格来，把相关信息详细列出来，尽可能准确。告诉候选人他们从公司可以获得多少比例的股权。告诉他们公司目前的估值。如果你认为公司在未来四年内能从现在的5000万美元增长到20倍估值，不要光说这个数字，一定要告诉他们为什么。

在这张表格上，加上他们正在考虑的其他公司的信息，包括其他公司的录用薪酬计算公式，这样候选人可以自己计算出来在各家公司能够拿到多少薪资。

约翰·斯安科迪说："工程师们一般不愿意当场讨论薪资，他们更愿意采取一种数据驱动的思维。用你获得的数据去和他们讨论，这显示出你为他们做了大量的考虑，你是真心在帮助他们最终为他们自己而不是为你做出一个最好的决定。"

如果你最终未能招来某个心仪的候选人，你的首要目标是找到背后的根本原因。

一旦你收到候选人拒绝的消息，你还可以做几件事来扭转局势。让候选人见过的每一位面试官通过邮件主动联系候选人。鼓励他们安排一次一对一的咖啡或午餐。不要让流程拖得太长，最多持续几天或不超过一周。到那个时候，你应该知道最终的结果是什么了。

不要只是劝说候选人改变想法。成熟一点。不要忘记你的愿望是和他们保持联系，他们也许知道其他非常适合这个职位的人。他们去了新公司可能并不如意，然后在一年后又对你的公司发生了兴趣。

反思你的结果

招来一个错误的人选并没有什么关系。约翰·斯安科迪说："在我的经验中，优秀的招聘经理有 30% 的时候会犯错误。只要你能够识别问题出在哪里并且能够迅速改正就可以了。"

毕竟，你有几个因素必须要平衡。如果你非常保守，你希望尽可能 100% 确定谁适合加入公司。如果这样的话，你的速度会放缓。把标准设高一些，如果你认为某个候选人非常优秀，那可以有一点冒险的想法，即便当时其他的面试官对此人都不是特别看好。

有时候你会招来一个错误人选，有时候你会放走一个优秀人选。如果你能够从中吸取教训，那就无需过于自责。

为了尽可能从招聘资源中获得尽可能多的数据，约翰·斯安科迪在 Coursera 的团队每周都会开会讨论候选人并跟踪其进度。"我们所有人都聚在一起——所有相关的用人经理和招聘专员——我们会讨论有哪些候选人在哪些环节退出了以及我们在哪些环节主动放弃了。我们总是在分析原因，这样我们可以为未来做出改进，最终帮助我们找到想要的人才。"

HR

第五章

企业文化

为什么越来越多的中国公司
开始关注多元化和包容性？

2017 年底，滴滴出行总裁柳青接受媒体采访，在回答"对你来说，2017 年哪些事你认为很重要"这个问题时，她认为自己在 2017 年的关键词是"包容性"。

柳青原话是这样说的：

"最核心的是要有一种包容性，对跟我们不同的人要有包容性。不管是企业也好，社会也好，应该多一点容忍度，应该多一种方式去鼓励所有跟我们不同的人，让他们也能在这个体系里发挥自己，而不是生活在别人的眼光里，或者生活在别人的期望值里。"

不光是滴滴，在近几年，我看到越来越多的中国公司开始把多元化和包容性的战略提到企业重要日程的地位。在之前的一篇文章中我还专门提到，一些大型企业还把多元化和包容性当做实现创新突破的一大途径。

这里所讲的"多元化"并非指企业发展不同业务的多元化，而是人员队伍的多元化，是企业文化和人力资源建设的一个关键战略。

什么是多元化和包容性？

多元化和包容性这两个词往往同时出现，它们来源于英文单词"Diversity & Inclusion"，常见于跨国公司的人力资源战略中，它的定义是：

"员工除了性别、年龄、种族、肤色等这些冰山之上看得着的差异，还有个性、思想、技能、信仰等看不到的差异。企业应该努力让员工队伍尽可能差异化，尊重并发挥每个员工的特点。"

简单来说，多元化就是要实现员工队伍的差异化，而包容性就是为这些有差异的员工创造一个最包容的环境，从而让每名员工都可以自由地在组织中发挥出最大潜力。

多元化和包容性最早起源于西方国家，以美国最常见，这是由美国移民文化特点所决定的。很多美资公司为了吸引人才，都把多元化和包容性作为自己企业文化的一大核心战略。

比如，微软公司在企业文化中明确讲到：

"我们相信多元化让我们的绩效变得更强大、产品更完善以及员工的工作和生活更丰富。随着我们的多元化员工队伍不断发展，它也反映出我们所在社会和全球市场的多元化程度。因此，我们去理解、珍视和拥抱各种差异的努力也变得越来越重要。"

投资银行摩根士丹利在企业文化中也有这么一条：

"我们珍惜拥有不同背景、才能、见解、经验和技能的人才，并努力为他们创造出一种包容性的环境。正是这种包容的精神造就了我们的竞争优势，培养了我们的创新思维，并帮助我们为客户提供一流的解决方案。"

不光是营利组织，世界著名的非营利组织也一样强调多元化和包容性。世界银行在自己的组织文化中这样写道：

"多元化和包容性就是我们定义卓越的核心之所在。作为全球的一家知识与发展型组织，多元化是我们的竞争优势。我们不光承认多元化和包容性，我们还付诸于实施。我们致力于创造一个包容和尊重的工作环境，充分重视每一名员工的贡献。"

西方国家强调多元化涉及的维度较广，包括种族、肤色、信仰、年龄，甚至性取向。在中国，今天谈多元化更具有现实意义的是两个维度：性别和年龄。其中，通常性别又比年龄吸引了更多的眼球。

为什么需要多元化和包容性？

具体来说，企业实行多元化和包容性战略主要具有以下三点现实意义。

一、员工自身特点

关于为什么要倡导多元化和包容性，还需要从人的自身特点说起。

如图 5-1 所示，一个人的综合素质和特点很多，浮在冰山之上的是肉眼容易看到的，这也是组织在选人时常常不由自主容易陷入的误区。

图 5-1　冰山模型

实际上，藏在水平面之下的人的素质和特点更多，那些往往决定了一个人为组织带来的价值大小。可是这些并不是一眼就能看出来的，组织先要努力地把这些特质发掘出来，然后创造出一个有利环境，让这些特质能够持续地发挥出最大效用。

在现实中，我们经常看到：经理招人的时候喜欢招那些像自己的人。

正如世界上没有两片完全一样的树叶，世界上也没有哪两个人是完全一样的。人和人之间存在差异化，而这正是这个世界的美妙之处。如果单纯追求同质化，背后错失的将是差异化

217

所带来的巨大价值。

二、市场特点

正如没有两个员工是完全一样的，市场上的客户、供应商、合作伙伴等也没有两家是完全一样的。

以客户为例，企业的产品和服务既可能卖给男性，也可能卖给女性；既有可能卖给年龄大的顾客，也有可能卖给年龄小的顾客。

同质化的员工队伍很有可能因为自身的群体特点而对其他群体产生固有的偏见，导致无法准确、全面地理解企业的全部客户群体，最终造成部分群体的流失。

对于以创意为主的科技企业来说尤其如此，在市场快速发展的背景下，能够迅速、敏锐地抓住一个市场机会就意味着在竞争中比别人先占据一个领先优势。

但是，如果员工的背景、特点都差不多，这样的员工队伍思维模式也差不多，最后做出来的东西也相似。要求这样的员工队伍突破现有思维框架，产出创意，实在是难上加难。

三、社会影响

今天，多元化和包容性还有助于企业的雇主品牌打造。在网络社交环境下，企业雇主形象稍有不慎，问题就会立刻被放大无数倍。尤其是多元化和包容性问题，是企业雇主形象建设最容易触雷的领域，一旦出状况，很可能会给雇主形象造成不可挽回的损害。

2017 年我们曾经见识过不少这样的典型案例。相关的新闻被社交媒体一炒作，企业雇主形象一落千丈。一个反面案例是某网络公司的招聘人员宣称不招聘北方某省背景的人才，而另一个案例是某汽车公司招聘人员在校园宣讲会时宣称给某校毕业生的工资水平比其他同等学校的要高。

那些注重多元化和包容性的企业往往是市场人才最向往的地方，企业即便不做广泛宣传，也能吸引到源源不断的人才。

企业该如何开展多元化?

在正式决定实施多元化和包容性战略之前，企业不妨先做一个内外部评估，了解企业自身在这个方面的需求和差距。以下问题可以作为评估的参考之用。

内部评估:

1. 企业现有人员的具体比例是如何分布（按性别、年龄、产业背景等）的？如果有某个群体占比特别大，有什么特殊原因吗？有办法提高其他群体的比例吗？

2. 企业高绩效员工中按人员的分布比例是怎样的？如果某个群体占比特别大，具体是什么原因？有什么办法提高其他群体的占比?

3. 在你的企业内部,不同群体的员工觉得自己平时有被公司或上级区别对待吗(按性别、年龄、教育、产业背景等)?

外部评估:

1. 你所在企业目前的客户群体多元化分布的情况如何(按产业、语言、地区、年龄、性别等)?

2. 你的客户群体多元化分布和竞争对手相比是什么情况?

3. 你有哪些尚未成功触及的目标客户群体?还没有触及的具体原因是什么?

4. 根据客户调研结果,你可能错失了哪些客户机会?你的服务和产品方面还有哪些有待提升的地方?有哪些是因为对客户理解不够造成的?

在完成评估的基础上,企业可以制订规划,把多元化和包容性嵌入企业的文化和人力资源管理战略中去。

具体的做法有很多,但最重要的一点是要确保企业的最高领导以身作则、身先士卒。

以前面提到的滴滴为例,他们成立了"女性联盟",柳青和程维是第一届联席主席。这个女性联盟就是专门帮助组织内部的女性找到她们的诉求和企业的连接,其中包括针对女性领导者的"导师计划"和"影子计划"等。

此外，多元化和包容性需要和企业战略结合起来。任何多元化和包容性战略的实施最终都是服务于业务战略的，目的是要带来业务的增长。

相应地，在人力资源管理的每一个基础环节比如招聘、人才盘点、继任管理、培训发展、绩效管理等都可以增加相应的内容。

以招聘为例，很多跨国公司尤其是美国公司，都对候选人的多元化背景有严格要求。以美国为例，美国法律一般要求一个职位在挑选候选人时要确保至少三分之一的候选人是女性或其他种族。

在中国不存在种族的问题，那么完全可以对性别做出一定要求。比如，我所知道的某公司有个中期人才目标，要求女性管理者的比例在五年内达到所有管理者的至少三分之一。为了实现这个目标，实际上，从招聘环节就可以开始努力确保有更多的女性候选人进入公司。

又比如，今天的很多公司面临的问题都很复杂，需要大量跨部门协作。为最大限度地发挥多元化人才的优势，滴滴成立了一种叫"特别小组（Feature Team）"的机制，类似的做法相信在很多跨国公司内部也有。就是鼓励不同部门、不同背景的员工参与进来，利用自己的独特经验和背景，共同解决业务上有挑战的难题。

这种跨部门小组我也经历过。你会发现它极其有助于突破思维极限，能帮你把思维拓展到更远的地方。比如解决一个市场的问题，来自财务的同事反倒能贡献出一个市场和销售专业的专业人员都想不到的好主意，这才是真的创造性思考。

有哪些衡量多元化和包容性成功的指标？

如果单独评估多元化和包容性，有以下常见指标可供考虑，包括：

1. 现有员工多元化比例（性别、年龄、国别、产业背景等）；

2. 现有领导者的多元化比例（主要是性别、年龄）；

3. 新入职员工的多元化比例；

4. 新内部提拔员工的多元化比例；

5. 参加公司多元化与包容性项目或活动的员工人数；

6. 公司文化调研中员工对公司多元化和包容性的认可得分。

正如前文所述，推行多元化和包容度的最终目标还是帮助业务实现增长，因此还可以从业务结果的角度来衡量这些措施是否成功，因此企业还可以参考以下四个指标。

一、高绩效员工的主动离职率

优秀的人才更愿意待在一个能够包容自己、让自己发挥出才智和潜力的地方，多元化和包容性做得越好的企业对优秀人才的成功吸引和保留率就越大。

二、创新产品的推出速度和成功率

每个人都有无意识的偏见，自身的偏见会限制我们的思想，只有确保随时有能够从不同视角思考的员工，企业才有可能不断地产生领先竞争对手的创意和创新产品。

三、雇主品牌排名

一个注重多元化和包容性的公司很容易在市场上取得良好的口碑，也容易成为人人向往的地方。那些雇主品牌靠前的公司比如微软、摩根士丹利等，往往也是多元化和包容性做得非常好的公司。

四、员工敬业度调研

在一个无偏见、包容性更强的工作场所，员工的工作积极性更高，工作起来更快乐，工作成果也更显著。每年一度的员工敬业度调研正好可以了解员工在企业的当期状态，了解每个人是否在为工作付出更多。

奈飞的企业文化之道

2014 年有一次，我在美国机场转机。一般在国外机场时我会翻翻管理类的杂志，其中最喜欢看的是《哈佛商业评论》。这份杂志上绝大部分文章都是讲管理的，但很少有专门讲 HR 的，假如某一期正好有关于 HR 主题的话，我一定会把杂志买下来细读。

正好有一期的一篇文章叫作《奈飞的 HR 管理之道》（*How Netflix Re-invented HR*），令我印象深刻。我记得我当时还随手找了一张便签，把文章中关键的几个点用笔记了下来，后来回到国内，还就这些点和我当时的经理热烈地探讨了一番。

如果今天你问我对这篇文章的印象，时隔多年后我还能记得整篇文章中最打动我的一个观点是：公司招人要招一个"成年人"。大家是不是觉得这很好笑？所谓的"招成年人"是什么意思？其实就是说我要招非常优秀和自律的人，这样的人招过来之后不用我管，我给他足够的空间，让他成长和腾飞。

为了招到"成年人"，文章中介绍了奈飞在招聘工作上的各种做法。在后面的几年里，市场上又陆续问世了几本公司管理的经典之作，都是来自硅谷公司的典型代表——谷歌。例如《重新定义公司》和《重新定义团队》两本书，分别出自谷歌创始人及前任 HR 副总裁之手。

这两本书里都有非常具体的章节来讲解谷歌是如何招聘优秀员工的，其中的主要精神和之前我在机场杂志上读到关于奈飞的招聘文化如出一辙。上述文章再加这两本书给我的启发非常大，后来我把其中的一些方法移植到了我自己的公司，建立起了一套精益求精的招聘流程，力保我们招进来的每名员工也都是"成年人"，这套方法取得了不错的效果。

2018 年 12 月份，我又一次在国外转机翻阅《哈佛商业评论》时发现了另一篇关于 HR 的文章，作者帕蒂·麦考德（Patty McCord）和之前奈飞那篇文章是同一人。也是凑巧，这是她在该杂志有史以来发表的第二篇文章，题目叫作《奈飞的招聘之道》。

文章结尾特别提到，这篇文章节选自作者的新书《奈飞文化手册》。我读完文章后颇为兴奋，于是给 HR 转型突破工作室的康至军老师发了一个信息，建议他把这本新书引入中国，因为我相信很多人会对其中的内容感兴趣。

康老师后来回信说，一家出版社上周刚刚拿到这本书的翻译版权，但还没有找到译者，要不就让我来翻译吧，限定周期三个月。一切都像命运的安排！于是，我欣然接受下这个任务，三个月不到，用工作之余的时间，我把全书翻译完成。

奈飞是一家什么样的公司？

记得在两年多以前，很多 HR 的朋友圈里都刷屏过一篇文章叫作《奈飞文化集》。这是一份幻灯片文件，大约有 200 页。这份文件被公布出来之后，在网上累计下载量超过 1500 万次，它被脸书公司的首席运营官桑德伯格称作是最能代表硅谷公司创新文化的一份文件。

这份文件有两个联合创作者，一个是奈飞的创始人兼 CEO 里德·哈斯廷斯，另一位就是帕蒂·麦考德。她随里德·哈斯廷斯一起加入奈飞，在公司人力资源负责人的岗位上做了 14 年，经历了公司的上市和后来的发展，可以说是里德和她两个人一手创建了奈飞独一无二的企业文化，不过今天的她已经离职做了一名全职顾问和教练。

我们首先来看看奈飞这家公司。奈飞的英文名叫 Netflix，这家公司在中国还没有业务，但是，如果我说一部他们出品的著名电视剧的话，相信很多人都很熟悉，这部剧叫《纸牌屋》。

公司创始人里德·哈斯廷斯毕业于斯坦福大学，职业生涯初期做了一名"码农"。但是这个人身上有很强烈的创新欲望，后来他创建了一家做代码优化的公司，一直把公司做到上市，然后卖掉，赚取了人生中的第一桶金。之后，他又创立了奈飞。所以，这个人也是一个成功的连续创业者。

奈飞到底有多牛？我们可以研究它的股价图。六年前也就是 2014 年的时候，奈飞的股价还只是 5 块多美元。而到了 2018 年 3 月，它的股价最高的时候一度升到了 320 美元。也就是说，在四年左右的时间里，奈飞的股价翻了将近 60 倍。

有人说，今天的奈飞和亚马孙就是美国科技公司的杰出代表，两家公司分别代表了美国文化和商品的双输出和双引擎。

奈飞刚起步时主要业务是做 DVD 的租赁，就是做那种传统的租门面出租光碟的业务。那时市场上这块业务有一家最大的竞争者——百视达（Blockbuster）公司。百视达当时在美国已经有上千家店及上万名员工。结果这家大公司的 DVD 租赁最后却没做过奈飞。

奈飞是怎么战胜百视达的呢？就是靠不断地打破自我、推陈出新。比如，一开始租碟必须要到店里去办手续，但是奈飞说你不用到我店里，我用快递的方式让你今天下单明天就能收到影碟。又比如，百视达一开始对过期归还影碟有滞纳金，奈飞说你每月给我交十几块钱的会员费，就没有任何滞纳金。再后来，流媒体视频业务兴起时，奈飞又率先把业务搬到了网上，顾客足不出户就可以在网上观看和点播电影。

正是因为奈飞的不断突破创新，百视达的业务便逐渐开始走下坡路了。到 2010 年的时候，百视达宣告破产了。我查了一下奈飞的财务数据，到 2017 年 12 月，公司第四季度有 833 万新增用户，所有用户累计加起来超过了 1.2 亿。

今天，谈到超大型的美国互联网领先公司，人们一般用"FANG"这个单词代替，它分别是脸书、亚马逊、奈飞和谷歌的英文首字母。不过，今天的奈飞更愿意把自己当作一家像迪士尼那样的综合娱乐公司，而不仅仅是一家互联网公司。

一家从租赁光碟起家的公司短短几年就能够成为市值达上千亿美元的科技巨头，其中的奥秘究竟何在？公司创始人把奈飞独特的企业文化归结为主要原因之一。大家都知道，对于像奈飞这样的内容创业公司，保持持续强大的创新能力才是公司得以存活的关键，而文化正是可以实现创新的保证。

在翻译《奈飞文化手册》这本书的过程中，我一边翻译一边对照自己公司是如何做人力资源管理的。作为传统的制造型公司，我们也会采用很传统的人力资源管理办法，但是我们目前处于转型期，2019 年公司提出的要求也是要拥抱变革、勇于创新。两相对比，我发现我们有太多值得提升的地方。

颠覆

奈飞的企业文化颠覆了我心目中关于人力资源的几大传

统观念。

首先，奈飞认为它招聘进来的每一个员工都是有权力（Power）的。我们很多时候说，管理者应该做的事情是把权力还给员工，给员工授权。奈飞说不是的，每个人进来的时候都是有权力的，你要做的是不要剥夺了员工的权力。现在恰恰相反的是，我们的很多管理方法包括流程、审批这些东西都是在剥夺员工权力。剥夺完之后公司又说我给你授权。既然如此，为什么不一开始就让员工保持这种权力呢？这是奈飞的第一个理念：每一个员工都是有权力的，不要剥夺了他们的权力。

其次，奈飞认为，最吸引优秀员工的不是薪酬福利，而是工作本身以及与和他们同样优秀的人一起共事的机会。如果没有这些，你给这些优秀人才再多的薪酬、股票，他们最终也会离你而去。

再次，每家公司平时都会做很多培训来发展员工。奈飞的观点是，最好的培训是给你有挑战的工作任务，让你在实际工作中不断学习和成长，这个活儿做完了，对你的培训也就结束了。这个大家可以参照一下，华为公司也是非常强调以战代训、训战结合、边战边训的。

最后，人力资源工作的核心任务是什么？问到很多人，可能大家都认为人力资源工作的核心任务是人才的选育用留。但是奈飞认为，人力资源的核心任务就是打造高绩效的企业文化，确保公司产生高绩效，有了高绩效才能吸引来和挽留住那些最优秀的员工。

所以，奈飞在企业文化方面的做法就是向人们反复灌输一套核心行为，然后给予员工足够的空间来践行这些行为，甚至要求他们必须践行这样的行为。前面讲到的《奈飞文化集》里包括的也是这样一些东西，讲的就是每名员工应该具备的核心行为模式。因为员工都是成年人，你不需要拿鞭子抽他们，只需要多给他们一些空间，让他们照着这个标准去做就好了。

文化准则

接下来，我们具体来谈一谈奈飞的几条有代表性的文化准则，这是他们人力资源具体实践的重要基础。

第一条，信息开放与畅通。在公司内部，除了涉及员工隐私的相关内容，其他内容一概跟员工分享。包括与上市公司投资者沟通的那些信息，他们也会专门拿出来和员工分享。其实，谷歌和脸书也有同样的实践。谷歌在每周五下午都会拿出一部分时间来开一个员工大会，公司创始人或其他高管亲自出席，主要分享关于公司最近的各种信息和进展。之后会留一个提问环节，员工可以问任何问题，只要不是企业最核心或最机密的东西，员工都可以当场得到答案。

　　第二条，绝对坦诚。光坦诚还不够，还要做到绝对坦诚。比如，奈飞的做法是，我可以把公司烦琐的报销审批制度取消，因为我对你非常信任，我相信你拿过来的每一张发票都是正常合理的，这就是绝对诚实的一种表现。如果公司文化能够做到这一步，就已经能够铲除很多妨碍生产力的因素了。

　　第三条，一切以事实为依据。不管是做决定也好，项目也好，一定要以数据为依据，以事实说话，不能拍脑门决策。奈飞这家拥有强大数据能力的互联网公司也是秉承这样一个原则，决策一定以事实为依据。

　　第四条，一切以客户为中心。我记得华为的企业文化核心理念里也有这么一条。所谓以客户为中心，就是说平时任何的决策、争论等都要回到一个原点，就是这件事到底能给客户带来多少利益。假如对客户没有利益，这件事就不要浪费大家的时间和精力了。

　　最后一条，不光是对人力资源，对所有的管理者也有这样一个要求：管理者最重要的责任是打造建立高绩效团队。至于怎样打造，有很多的办法，包括招聘、绩效、薪酬等手段，不管使用什么手段，最终的一个目标就是看是否打造了高绩效的团队。

信任

信任可以说是整个奈飞企业文化的基础。公司把每个员工都当作成年人来对待，因为每个人都是有权力的。因为你把员工当成成年人，你就会给他们足够的空间，你相信他们会做出合理的事情来，就不会想着法儿地去禁止他们干这个干那个。

正因为有了信任，奈飞打破了很多传统的做法，比如休假。很多公司都有一套正式的休假制度，包括每个人根据级别、司龄每年可以休假多少天等。奈飞取消了这样的休假制度，你想休假的时候直接跟老板说一声就可以了，大家会不会觉得这很疯狂？

这个制度在奈飞实施的效果是，最后大家都和往常一样正常休假，没有人滥用公司对自己的这份信任。试想一下，如果你身处一个团队，当团队里的每一个人都在忙碌一个项目的时候，如果你是一个成年人的话，你会好意思在没有合理理由的情况下去休假吗？

奈飞在制订这些政策的时候，公司律师说你千万不要这样干，这会带来一些法律后果。但公司认为因为相信员工是成年人，所以愿意实施这一政策。假如政策实施为公司带来了负面的法律后果，那到时候再把这一政策重新收回来。结果事实证明这一政策实施效果非常好，没有什么问题。

沟通

大家都知道，在一家公司里，规模越大层级越多，信息就越难以顺畅沟通，很多信息在传递过程中就缺失了。奈飞非常强调详尽的沟通，不光针对好消息，也包括坏消息。比如最近市场上出现了哪些不利因素，竞争对手有哪些利好，公司都会毫无隐瞒地与员工沟通，这也是一种极端的诚实和信任。很多时候，有些领导觉得自己比员工更优越，是觉得自己掌握的信息比员工多。当实现信息畅通之后，很多管理上的障碍就被消除了。

沟通的目标就是让每个员工都充分理解业务。我们常说HR 要充分理解业务，奈飞对公司每位员工都是这样要求的。举个例子，在很多公司，客服人员一般是最低端的。但奈飞认为客服人员和客户直接打交道，对客户影响甚大。如果客服人员对公司业务理解不够详尽，是有损公司客户利益的，所以他们要做到让每一位客服人员都充分理解业务。

奈飞强调沟通是双向的，不光包括管理层从上到下的沟通，还包括员工自下而上的沟通，鼓励员工向上级提出反对意见。很多跨国公司的文化强调多元化和包容性，这里除了讲究招聘要性别平衡以外，更深层次强调的是思想的多元化和包容性。当你的下属有不同意见的时候，你能否包容和尊重他的意见，然后双方一起坐下来平等地探讨，这就是一种沟通的双向性。

做了那么多的沟通，怎样验证沟通是有效的？

帕蒂·麦考德介绍了一个简单的办法，就是在公司的任何一个地方，电梯里也好，食堂里也好，随便拦住你的一位员工，不论什么层级，就问他公司近期最重要的几件事是什么，如果员工答不出来就说明你的沟通还不够详尽。

奈飞在沟通上会使用前面介绍过的"反向辩论"。当员工之间发生观点分歧时，管理者就会邀请员工来展开一场公开辩论，其他员工做观众和评判。这还不是单纯的辩论，会特别地要求辩论者站在反方的立场上去辩论，这样双方可以更好地理解对方观点，最终使双方达到双赢的结果。

另外在辩论过程中还有一个原则，那就是客户为先。当辩论出现难解难分的状况时，主持人就会出来发问："讲了这么多，你的这套东西对客户的利益到底在哪里？"如果员工说不上来，那这个大方向就是有问题的，凡事一定要以客户为中心。

因为可以做到极端坦诚，所以奈飞内部的上下级反馈完全实行实名制。奈飞一开始做领导力调研也和很多公司一样是匿名的，因为传统思维是担心员工讲了不好的东西容易招来领导者的打击报复。后来在实际调研的时候，很多员工说既然你认为我们是成年人，在公司内部提倡绝对坦诚，那为什么不把调研变成实名呢？而且员工在完成反馈后也都签上了自己的名字。后来公司管理层觉得确实应该这样做，于是就做了改变，把所有的调研变成了实名制。

在做反馈时，奈飞用了一个方法，叫作"停止、开始、继续"。什么意思呢？就是给同事提反馈时不要泛泛地说，而是要具体说出他哪件事做得不好，应该停止；哪件事应该做但是还没有做，所以要现在开始去做；哪件事已经做得非常好，希望将来能继续保持。我们公司原来开领导力大会时也使用过类似的练习，非常有针对性，建议大家可以试一试。

招聘

一个公司最重要的工作是招聘。尤其像奈飞这样的创新公司，如果招聘工作不强，招不进来明星员工，后期的一切努力都是白费。

当初发表在《哈佛商业评论》的那篇文章中，帕蒂·麦考德有一句话令我印象深刻。她说："如果你招进来的员工足够优秀的话，你后期人力资源管理上90%的问题都可以避免了。"

为了实现这个目标，奈飞都做了哪些工作呢？

首先，奈飞认为HR不是招聘的第一负责人，招人的业务经理才是。业务经理应该竭尽所能确保招进来的员工是最出色的，HR只是在招聘过程中起到辅助的作用，这个主次关系不要颠倒。我们经常看到，很多时候业务经理说要招人，然后直接把任务扔给 HR，结果 HR 招来的人与业务经理想要的差距蛮大，后续就会带来很多问题。

其次，招聘人员必须要成为一名业务人员。你只有对业务理解透了，才知道你招进来的人是否能够在岗位上做出高绩效。奈飞为了让招聘人员成为业务人员，会让招聘人员参加各种各样的业务会议，深入了解业务的方方面面。反观现实中的很多公司，招聘部放的人员可能是整个团队中资历最浅的，更不用说深入了解业务了。而奈飞的理念是，招聘人员不光是在招人，他们的重要性在于：他们可以建立起一支高绩效的团队。

再次，为了未来而招聘。如果现在岗位要招一个人，不要为了当下的需求招人，而是一定要看到 6 个月以后，要为 6 个月后这个岗位所需要的技能和面临的挑战招聘。我们公司内部也在讨论我们的招聘怎样做得更好，也有高管提出来我们现在业务发展这么快，增长曲线这么陡，今天招个人能够把事情做完可能下周他就做不完了。如果不着眼于未来招聘的话，将来这个人在工作中达不到要求怎么办？难道那个时候又把人换掉？

最后，不管是 HR 还是业务经理，为了确保找到明星员工，你永远都要处于招聘状态中，你永远不知道自己可能在哪个场合下碰到适合公司岗位的潜在候选人。永远让自己处于招聘状态中，就可以增大你发现潜在候选人的概率。

另外一点也非常有意思：让每个参加公司面试的人最后都想加入你的公司。大家都知道，我们邀请来面试的人会有很多，但最后我们能够录取的屈指可数。你能不能让那些没有被录取的人有一次非常好的面试体验，让他们最后也非常想加入你的公司？

《奈飞文化手册》书中有一个经典案例，讲关于怎样增加候选人体验，我曾多次引用。案例说：在奈飞有一个铁律，公司里任何人只要看到候选人在等候区一个人坐着的时候，一定要走上前去主动跟他打招呼，然后和他聊天，帮助他更多地了解公司。有一次，帕蒂·麦考德面试迟到了，她对候选人说不好意思来晚了。应聘者说没关系，他已经和六个人聊过天了。

薪酬

要确保招到明星员工，你的薪酬就要有足够的吸引力。因为奈飞在招聘方面经常遇到的竞争对手是谷歌、脸书这样的公司，所以它们有一个理念就是按照市场最高水平付薪。如果招的是明星员工，假如这个人在市场上已经达到了最高值，那么它们就要按照市场最高水平支付；或者这个人虽然是明星员工，但目前薪水很低，奈飞不会为了占便宜压低薪水，依然会按照市场最高的水平来付薪。

另外，在付薪的依据上，很多公司的做法都是根据一套薪酬架构来决定。每个岗位都有最高值、最低值和中位值。奈飞没有这套结构，他们一看员工的市场价值，二看这个员工未来能为公司创造多少利益。比如，一个员工可能为公司带来 100 万美元的价值，本来现在给他付薪 10 万美元就够了，但是考虑到他未来带来的价值，公司现在付 20 万美元也愿意。

《奈飞文化手册》一书中有一个案例，当时谷歌想挖奈飞一个产品团队的负责人，薪水开价是奈飞的两倍。然后这个员工的主管找 HR，说希望赶紧加薪把他留住。一开始 HR 还是保留着传统的思维："我不能加两倍薪水，不然的话其他的员工怎么办？难道就为了一个人搞特殊化？"

在和业务部门反复沟通多次之后，帕蒂·麦考德突然开窍了，她说为什么谷歌愿意付两倍薪水，那是因为谷歌看到了这名员工的价值，既然他有这种价值，我们为什么不能给他付两倍薪水？后来，奈飞不但给这名负责人薪水翻倍，还给他团队的每个人都薪水翻倍了。

奈飞还有一个打破传统薪酬的做法，因为它对员工非常信任，所以会让员工来自由选择薪酬组合。谈薪酬的时候会先限定一个总额，然后让员工自己来决定现金和期权的比例。此外，奈飞在招聘中对那些一上来就关心薪酬数字的人是不会要的。

因为他们想招的是真正的明星员工，最吸引明星员工的不是薪酬待遇，而是工作本身。

绩效

奈飞的绩效管理和很多其他硅谷公司的做法类似，就是打破传统的绩效管理方式。以前是每年一度做年终评估和反馈，而奈飞的做法是平时不定期做绩效反馈。这里有点像运动队教练给运动员做绩效反馈一样。大家说足球队的教练怎样给球员的表现反馈？他们会每隔几场比赛便给一次反馈，而不是等到一个赛季结束了之后再给。所以这里是模仿了运动队的做法，把绩效评估和绩效反馈融入企业全周期过程中，使其随时起到激发员工和提升员工的效果。

奈飞在绩效管理上还有一个做法很特别。我们都知道很多公司做 PIP（绩效提升计划）。但是 PIP 往往做到最后就走样了，经常是我不喜欢某个人或者某个人的绩效很差，为了将来把这个人干掉，于是现在把他放到 PIP 里面走个形式。奈飞认为，如果做 PIP 就要对他的绩效改善有帮助。如果你对这个人没信心，那就现在让他走，这样他还可以早一点在别处找到更适合自己的地方，完全没有必要通过 PIP 来达到这个目的。

每个员工都有自己的权力，如果你错误聘用了一个人，这个错误是你的，而不是这个员工的错误。你应该及时跟这个员工说对不起，然后与他友好"分手"，因为这样他才能尽早找到别的机会，重新开始。一旦你这样做了以后，很多公司就会理解你企业的高绩效文化，这样对离开你的员工也会有好处，他们离开以后也更容易找到下一份新工作。

总结

大家听了这么多可能会想，如果我回到自己企业里去推这样的文化，怎样推才好？你可以尝试循序渐进的方式，如果在一家公司全面推行风险太大，你也可以从某个部门或团队开始试点，每次列出一些小目标，然后循序渐进地做文化上的尝试，当然在过程中也需要结合自己公司的实际，避免完全照搬奈飞的做法。

《奈飞文化手册》这本书里面通篇讲的正是 HR 不断创新的精神。我之前在自己的公众号上发表过两篇关于创新的文章，有人读完后说感到特别焦虑，感觉自己随时会被时代淘汰。其实，我个人觉得没什么好焦虑的，最好的解决方案就是让自己成为终身学习者，保持敏捷和灵活，不断让自己获得新的技能和经验。

今天的科技发展得太快，大家看到很多关于 AI、大数据等的新技术崛起，相信用不了多久，HR 的工作就不需要这么多人来做了。什么样的人才能幸存下来？一定是那些不断学习，始终让自己保持敏捷和灵活的人。

敏捷工作法

我所在的公司最近从研发部门开始，在全球范围内推行敏捷工作法。经过一段时间的接触和学习，包括与身边有过敏捷工作经验朋友的交流，我总结了一些学习心得。

先从一个真实的故事开始讲起。

在 2001 年"9·11"事件发生之后，美国联邦调查局（FBI）发现组织内部缺乏一种有效的文件管理机制，导致大量有价值的情报和信息被人为地耽误和忽视。于是，FBI 决定上马一套文件管理系统，在投资了 1 亿美元并又追加了 7000 万美元投资，该项目搞了三年，最终不了了之。

后来，FBI 决定重新上马这套系统，将项目命名为"Sentinel"。这次预计投资 4.5 亿美元，计划 2009 年交付项目。这次 FBI 找来了大名鼎鼎的国防承包商洛克希德·马丁公司作为项目总包。

让我们把时间快进到 2010 年 3 月：此时，项目已经耗资 4.05
亿美元，而原定进展仅仅完成了一半。根据承包商洛克希德·马
丁的估算，该项目还需要 6~8 年以及再追加 3.5 亿美元投资才
能最终完成。

如若继续将项目按原定计划推进下去，那整个项目将
沦为一个天大的笑话。此时，一位名叫杰夫·约翰逊（Jeff
Johnson）的联邦调查局 IT 部副主任接手了该项目，后来的结
果让人难以置信：

他接下来只用了一年多的时间和几千万美元，最后项目于
2012 年 7 月正式完工上线。

杰夫·约翰逊完成项目的方法，正是"敏捷工作法"。

角色

为什么敏捷工作法有如此巨大的威力？

敏捷工作法有一个专门的英文单词叫"Scrum"，来自橄
榄球运动中的一个专业用语，翻译成中文就是"争球"的意思，
用来形容整个团队团结一致，为了完成一个共同的目标而饱含
热情、同心协力。

敏捷工作法最早应用于软件开发行业，就是利用小步快

跑、迭代开发等原则来实现软件产品的迭代更新。

再后来，敏捷工作原则逐渐扩展到了其他高科技及传统工业领域。比如，今天我所在的企业从事整车开发和制造，也在开始倡导敏捷工作法。

要成功地实施敏捷工作法，就离不开敏捷团队里的几个关键角色。

一、敏捷工作小组成员

既然要求敏捷，那么团队人数就不能太多。在软件行业里有一条布鲁克斯定理，其内容大致是：如果一项软件产品出现推迟交付，此时往开发团队里增加人手只会加剧最后交付的推迟。

为什么会这样呢？其一，一个新人加入后，帮助其上手熟悉项目工作的过程会滞缓其他团队成员的工作速度。其二，多余的人会增加人们大脑的信息处理频道数量，导致沟通效率的降低。

亚马孙的创始人贝佐斯对有效的工作小组规模有一个定义：团队人数以一顿午餐够吃两块披萨饼为上限。以此为标准的话，一个团队要保持高效灵活，有效的人员上限就是不超过7~9人。

这7~9个人也不是随随便便组合在一起的，按照敏捷工作法的要求，小组再小，也必须满足三个条件：

1. 超越平庸的信念：团队成员靠同一个崇高的理想而凝聚在一起，人人都希望超越平庸，追求优秀；

2. 获得充分授权：团队可以自主做出重大决策，享有充分的自治权；

3. 跨职能：团队角色人人分工不同，可以形成一个闭环，例如，某个产品的规划、设计、制作、销售和交付均由同一个小团队内不同的成员担当。

二、产品负责人

产品负责人是整个团队的灵魂人物，具体负责团队的工作目标、产品的功能和需要达到的标准。此外，产品负责人还负责排定团队工作的优先顺序，也有权拒绝与团队无关的工作任务。

产品负责人身上需具备四个基本特点：

1. 对该领域产品非常了解，往往出自本领域的资深专家；

2. 被充分赋予权力，有权在团队内就产品开发做出决定；

3. 随时可以被其他团队成员找到，以便向他们阐明工作任务的方向和原因；

4. 负责人需要为工作的价值负责，有相关的量化指标来衡量最终的工作价值。

三、敏捷大师

敏捷大师的身份在团队内更像是一名团队教练，如果说产品负责人解决的是"什么"的问题，那么敏捷大师解决的就是"怎么做"的问题。

他随时为团队里其他成员提供辅导和指导，负责组织日常的会议和协调，并移除阻碍团队前进方向的障碍，帮助团队可以顺利开展工作。

这里要注意一点，无论是团队负责人还是敏捷大师，他们本身与团队其他成员之间并没有传统的那种上下级汇报关系。团队里的三种角色有各自平等的责任，这也是敏捷团队区别传统团队的一个地方：团队内部实行人人平等的民主制，每个人的能力都被信任，更加自主，能发挥出更高的效率。

流程

团队具体在开展敏捷工作时，有如下四步流程。

一、建立任务需求列表

这一步是按照优先顺序排列任务需求表。产品负责人根据需要的产品特性制定出产品需求列表，该列表提交全体团队成员讨论，最终确定出团队的工作任务路线图，帮助团队成员对哪些任务是接下来需要去完成的了然于胸。

二、任务分解与制订

传统的解决任务办法是用一种瀑布式流程法，先就项目作出全面规划，然后再推进、测试、重审和实施。这种方式是一开始就把所有的计划准备完毕，然后按计划逐步去实施。

但是，很多时候我们都知道计划赶不上变化，计划最后的结果就是等于没有计划。很多事情到最后变成了重新规划。

在敏捷工作方式下，把任务分解为可以控制的每一个小段，每一段叫冲刺，在每一段冲刺里完成该段工作的规划、建设、测试和审核的全过程，然后完成交付，之后再进入下一个冲刺的任务迭代。

在制订冲刺的时候需要遵循的原则有：

1. 每段冲刺必须相等，比如每两周或每个月为一个冲刺；

2. 每个冲刺里的任务一旦锁定，不能随意地增加或减少工作任务；

3. 所有的工作任务必须在该段时间区间内全部完成，之后才能进入下一个冲刺。

三、工作进度可视化

敏捷工作小组通常会设定任务的可视看板来实现工作进

展的可视化。典型的可视看板会根据每个冲刺的任务情况，分别列出待完成、完成中和已完成的工作任务，用看板将这些任务展示出来，可以让所有团队成员对工作的进展一目了然（如图 5-2 所示）。

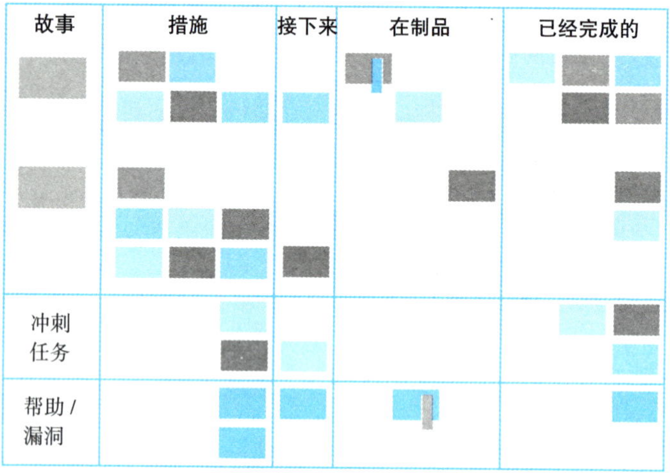

图 5-2　可视看板实现工作进展的可视化

当然，今天也不一定非要在办公室墙壁上通过贴大白纸和小黄帖来做可视化看板，类似 Teambition 这样的团队软件中已经内嵌入了工作任务看板功能。

四、通过 Scrum 团队会议开展工作

Scrum 团队会议分为四种。

1. 冲刺计划会（Sprint Planning）。

产品负责人组织全体团队成员一起讨论，在本次冲刺中将要完成哪些工作任务，具体如何推进工作，最终形成待办任务列表即任务需求列表。

2. 每日站会（Daily Stand-up）。

每天在同一固定时间，全体小组成员聚在一起开一个小会，讨论工作的进展。这个小会有几个特点：

第一，所有成员需站立，不能坐着，这样保证每个人注意力的高度集中，让会议开得更高效；

第二，会议时长严格控制在 15 分钟以内；

第三，会议上只讨论 3 个问题：我昨天都做了哪些工作来帮助团队完成本次冲刺；我接下来准备做什么工作来帮助团队完成本次冲刺；目前团队工作进程中还存在哪些障碍？

3. 冲刺演示会（Sprint Demo）。

在冲刺进展过程中，团队成员利用这个演示会的机会向其他团队成员展示自己具体都完成了哪些工作，同时向其他成员寻求反馈和意见，并做出相关改进。

4. 冲刺回顾会（Sprint Review）。

在一个冲刺结束之后，所有团队成员聚在一起，讨论本次冲刺过程中大家团队工作的成效，检讨还有哪些需要改进的地方，以便下一次冲刺能够做得更好。

总结

敏捷工作法最早起源于软件行业，现在已经深入推广到其他各个领域。大到美国宇航局的一次火箭发射任务，小到家里的一次室内装修，都可以应用敏捷工作法来成倍地提高工作效率。

敏捷工作法成功的关键，在于突破传统的先做好全部规划再开始行动的死板模式，积极去拥抱变化，在每一次变化面前随机应变，最终实现小步快跑，快速迭代的目的。

经济强劲时，企业该用哪几招留住员工？

美国劳工部在 2018 年 9 月公布的美国国内失业率已经下降到了 3.7%。

这个数字意味着什么？

这是美国自 1969 年以来最低的失业率。自 2007 年次贷危机让美国经济陷入低谷之后，在过去 10 年里，美国经济一直增长强劲，随之带来的就业净增长已经持续了整整 8 年。

低失业率也给很多企业带来了烦恼，最明显的就是市场上找工作的人少了。而且，因为市场机会太多，企业开始焦虑该如何留住自己那些绩优的员工。

带着这些问题，著名的商业智囊机构 The Conference Board（大型企业联合会）对上千名来自不同企业的雇员做了一次关于工作满意度的调研。

调研结果显示出企业一些共性的做法可以帮助提升员工满意度。基于此，该机构给那些还处在焦虑中的企业提出了三点建议来帮助他们保留员工。

改革绩效评估流程

调研中有超过 70% 的人希望看到公司改革现有的绩效评估流程。

今天，大部分公司依然沿用着传统的绩效评估方式：年初制定 KPI 等一系列绩效目标，年底结合这些目标的完成情况，由经理给下属打分并将绩效结果与薪酬激励挂钩，最后经理还要完成和下属的绩效面谈。

这种绩效评估流程看似合理，实则有太多弊端，容易陷入形式重于结果的误区。现实中经常出现的情况是，一方面，员工过于注重经理最后给出的绩效分数，忽略了整个绩效改进的流程；另一方面，经理和员工双方都把大部分精力投入在准备相关文件和表格上，导致经理无暇顾及对员工的绩效及职业发展辅导。

德勤在 2017 年的人力资本发展趋势报告中就提出，公司需要从那种典型的从上至下、流程驱动的方式过渡到一种更加敏捷、持续以及重视绩效反馈的方式。因为今天的员工更多的是希望被赋能和激发，而不是被机械地告知该做什么。他们希望随时听到经理对自己表现的反馈，而不是等上整整一年才收到这样的信息。

那么，企业该怎么做呢？

奈飞公司的前首席人才官帕蒂·麦考德在《奈飞文化手册》一书中提出的建议是：像冰球教练教球员那样给员工做绩效反馈。

一个冰球队一个赛季有 80 多场比赛。每隔 10 场比赛，教练就会和每一名队员坐下来，带上球员比赛的所有相关数据给他们做反馈，并讨论在接下来 10 场比赛中如何可以做得更好。

同样地，如果管理者可以增加绩效反馈的频率，把绩效的反馈和辅导融入日常管理工作中去，就可以增加和员工的信任，同时及时发现员工可能存在的问题，随时帮助他们提升绩效和取得进步。

加强在职培训

员工满意度高很大程度来自员工有足够的技能来完成自己的岗位职责，还能在岗位上持续地发展自己的技能。

我在培训和发展上的观点是做差异化管理。企业资源有限，不可能什么都面面俱到，好钢要用到刀刃上，假如把所有资源像撒胡椒面一样撒下去，很可能起不到什么作用。

考虑到二八原则，很有可能 80% 的绩效都是最优秀的

20% 的人所支撑的。所以，把有限的资源优先使用在少数人身上能更有效带动整个组织的绩效提升。

越来越多的企业开始做每年一度的人才盘点：根据员工的绩效、胜任力和潜力进行盘点。那些绩效和胜任力低但是潜力大的员工才是值得继续去投资培养的；而那些绩效和胜任力不怎么样，同时自驱力也不足的员工，企业不但没有必要花钱去培养，甚至还需要考虑请他们离开。

把对员工的认可和表彰列为优先任务

高绩效的员工们非常渴望来自公司和上级的认可。升职加薪是一个很好的认可方式，但是加薪始终有个限度，这时，非物质奖励和认可就显得尤为重要了。

在我印象中，在认可和嘉奖方面做到极致的一家企业是华为。华为认为，非物质激励和物质激励同等重要。任正非要求各级主管要达成共识，学会使用非物质激励手段，重视与员工的沟通和对员工工作的认可，用目标愿景来牵引员工。

华为在这方面设立的奖项也名目繁多，包括：明日之星、蓝血十杰、金牌奖、天道酬勤奖，等等。甚至，为了鼓励那些过程不错但是结果欠佳的员工还专门设立了"从零起飞奖"。

任正非还专门要求，"非物质激励的奖章、奖牌一定要精心制作，品质要贵重，不要搞一张纸、一个随便去哪里买的会生锈的奖牌。"

一个月前，我去南京拜访了生产热水器和空气净化器的AO史密斯公司，该公司在业界最引人称赞的是他们的文化价值观建设，其中也大量使用到了对员工的认可和表彰手段。

公司的丁总经理告诉我，在这家几万人的公司里，他们每年都会发出将近一万份奖品，每个季度都发。奖品针对的行为包括团队合作、技术创新、流程改进等。奖品本身金额不高，每份奖品也就100~200元，但是这些奖品给获奖者带来的精神激励却是十分巨大的。

也正因为这里的员工始终士气高涨，该公司连年成为南京当地"最令人向往就业的公司"。而企业业绩——无论是传统的热水器还是新开发出的空气净化器，都在市场上保持着绝对领先的位置。

引领皮克斯动画实现创新的那些提问

最近，我作为《奈飞文化手册》一书的译者参加了一系列主题分享，中间还分别以讲师身份主持了两场关于企业创新主题的工作坊。在过程中所接触到的朋友们里很多都会有一个问题：为什么像奈飞、谷歌、苹果这样的公司能够一直保持创新？

最直接的答案就是，这些公司都有一种创新的企业文化。可是，我们又忍不住想问：这样的文化当初又是如何从无到有建立起来的呢？创始人难不成有一个顿悟时刻，让他意识到公司需要这样的文化？这种顿悟时刻又是如何诞生的呢？

最近，我抽空重读了那本出版于2015年的老书《创新公司》（*Creativity, Inc.*），这本书对以上问题给出了部分答案。本书作者之一为皮格斯动画的创始人兼总裁埃德·卡特穆尔（Ed Catmull）。从本书中你会发现，他的独特做法就是不断反思、不断对自己提问，而且这种思维方式贯穿了公司发展的各个阶段。

皮克斯是一家什么样的公司？

当今世界最顶级的动画片皆出自该公司之手，从早期的《玩具总动员》《海底总动员》到后来的《飞屋环游记》《寻梦环游记》，无一不是成为观众记忆中的经典。皮克斯的业务特点决定了公司的成功因素只能是创新、创新、再创新。所以，埃德·卡特穆尔的所有提问始终围绕着一个主题：如何在皮克斯公司内部建立起一种可持续发展的创新文化？

我们常说，提出问题本身比找到问题背后的答案更重要。很多时候，我们苦于无法提出有洞见的问题，从而导致无法找到真正的答案。而有效提问可能正是聪明人们的一种共性，他们总是能够不断地提出一些深邃的问题，通过这些问题逼迫自己和周围的人不断去思考，通过表面现象发现事物背后的规律，引领着他们在黑暗中发现隧道尽头微弱的光亮。

从 GE 的案例可以得知，想要去复制一家企业的文化是危险的。我们可以忽略这些问题的答案，但是，我们至少可以学习提出这些问题的方式。

因此，重读本书时，我更感兴趣的是埃德·卡特穆尔的提问方式。为此，我还把他的一些问题挑出来摘录如下，希望能为后来者打造属于自己的创新企业文化带来一些启发。

公司创始初期

如果说我们的成功是因为做了一些正确的事，那么如何才能确保我们了解这些事究竟是什么呢？从中得出的经验又是如何能够在下一个项目中去复制呢？

或许我们应该问问自己，复制成功经验真的是明智之举吗？

在我们看不到的暗处，到底有多少潜伏的问题正伺机摧毁我们的企业？我们能否找到方法把这些痼疾找出来？

我们的成功中到底有多少是因为运气？如果我们继续打胜仗，我们会不会变得过于自我膨胀呢？

如果我们的自信转变成了自负，让我们得意忘形，我们应该如何应对呢？

公司从蹒跚学步的新兴企业转变为一家颇具规模的成功企业，那么，在吸收新的人才的过程中又会出现哪些新情况呢？

我们如何为新的人才提供条件？如何才能满足他们的需求？又如何提防那些合作中不可避免的纷争在前进的道路上拖累我们呢？

关于反思

诚信的本质是什么?

如果大家都对诚信抱有重视的态度,坦诚相待为何会如此困难?

无论准备得多么完备,我们都无法规避突发状况。那么,我们能否让管理者更加从容地面对不测呢?

对于许多管理者对工作流程过度控制的现象,我们该如何处理?

我们该如何利用积累下来的经验修补流程中的纰漏?有哪些问题是我们至今尚无察觉的?

关于失败

我们是如何看待自己的失败和恐惧的?

一个失败的项目到底应该选择在何时放弃?犯多少错误才算是真的过分呢?

有的失败是通往卓越之路的一个暂停标识牌,有的失败则是鞭策我们做出改变的警示牌,该如何辨别两者呢?

我们通过内部的智囊团会议机制希望所有人积极反馈并提供支持,但会议毕竟不是万能的。如果大家不能畅所欲言,我们又该如何应对呢？

面对失败时，我们应该自我反省还是消极逃避呢？我们应该营造一个鼓励大家敢于认错和汲取教训的环境，还是一遇到失败就不容置辩地指责他人呢？

失败当头，我们该如何最大限度地对其加以利用呢？

我们应该如何教育和引导我们的新员工，才能让他们未来即使没有我们的帮助，也能独立敏捷思考？

我们作为领导者，是否好好考虑过员工的学习与成长问题？我们是否能够将绝大部分的领导者活动视为传授经验和传播知识的机遇？我们又该如何付诸行动呢？

关于体制

人的洞察力是有局限性的，在管理方面，我们需要经常自省：我们真正能够洞察的事情有多少？又有多少东西蒙住了我们的双眼？

我们生活中是否有一个不被人理解的卡珊德拉（希腊神话中一个被神诅咒从而不为人所相信的预言家）呢？尽管我们都希望洞察一切，但是否依然无法摆脱诅咒呢？

我们该如何更好地营造一种兼收并蓄的文化，让大家都能对节省人力畅谈自己的建议？

　　我们公司的体制很容易导致过度投入，并且会奖励完美主义者和讨人喜欢的人。那么，我们应该用什么态度来对待完美主义，又该如何平衡对创新的渴望呢？

HR

第六章

职场提升

要不要从大公司跳槽去小公司？

接近年底，很多准备换工作的朋友又开始在市场上积极地看起机会来了。

前两天，一个朋友也来向我请教跳槽的问题：她目前所在公司规模和平台都不错，在行业内属于领先地位。但她感觉自己无论在薪资还是职级上都看不到上升空间，所以正考虑要不要跳槽去一个小公司发展。

从大公司跳槽去小公司似乎是一件顺理成章的事情。

宁做鸡头，不做凤尾。离开大公司，去小公司做一条小池塘里的大鱼，对很多人来说是个很诱人的选择。

然而，作为一个在大公司和小公司里都干过的亲历者，我有一些不同的观点：如果你在大公司里还没有学会足够多的东西、还没把自己锻炼得足够强大，那最好还是选择继续在大公司待着吧！

不可否认，人人皆知大公司的种种弊病：组织臃肿、反应

速度慢、跟不上这个快速变化的时代的要求；分工太细，导致
人的个性和创造性都被扼杀了；大树底下好乘凉，容易混日子，
把人的大好年华都耽误了……

所以，在大公司里暂时郁郁不得志的人看到身边每天都在
涌现的一个个创业神话，也容易恨不得早日跳到一个小公司平
台去。

事实果真如此吗？

我建议有类似想法的朋友，在做出决定之前再认真审视一
下大公司相对于小公司所具备的一些得天独厚的优势。

学习资源

十几年前，我在一家著名的 IT 跨国公司实习。每天中午
休息时间，我都会去公司内网的一个名叫"知识管理"的地方
浏览网页。这里汇聚了公司在全球实施过的项目资料，主题包
括管理、财务、人力、科技等，都是来自全球各地的同事总结
的宝贵的第一手资料。我把这些信息当成课外阅读材料来学习，
三个月下来，对拓宽自己的眼界起了不小的帮助。

大公司之所以能够做大，是因为很多前人已经付出了辛苦
努力，让公司在很多方面已经取得了成功，包括知识、经验和
管理机制等。

　　一旦能够进入大公司，相当于我们一下子站在了前人的肩膀上。你天天接触的东西拿到外面去很可能具备行业领先水平，这是很多小公司无法具备的高度。

　　我研究生毕业之后先进入了一家 500 强公司工作。不到两年时间，我又跳槽去了一家排名更靠后的 500 强公司。尽管都是 500 强，但是两家公司差距很大：

　　第一家在 500 强名单上排名前 50，全球员工有 8 万人，CEO 还登上过当年《财富》杂志首页；后一家公司虽然也是 500 强，但是规模小了很多，员工只有不到 2 万人，排名在 300 名左右。

　　而我当时跳槽的原因也很简单：我一直想做薪酬管理，但在第一家公司暂时看不到这样的机会；第二家公司不但提供给我这样的机会，而且薪水还有一个不错的涨幅。所以，我很快就决定跳槽了。

　　今天，再来复盘这段往事还是觉得会有一些遗憾。如果当年在第一家公司停留的时间更长些，我能学到的东西可能会更多，对以后的职业发展会更有帮助。

　　为什么这么说？

　　第一家公司当时是世界排名前几的科技公司。从每年新招的员工就可见一斑：这些人大都拥有名校学历以及行业顶级公司的工作经历。他们做出来的东西随便一个拿出来都是一流水平。那时，公司很少到外面去对标最佳实践，往往自己做出来的东西就是行业内最佳实践。

在这样的大公司里，只要你肯学习，丰富的学习资源遍地都是，只需要随时向身边的同事学习、向公司过去的经验积累学习以及在公司的工作过程中边做边学就可以了。

假如你每天身处这样的工作和学习环境中还觉得闲得无聊的话，是不是有点对不起大公司给你的这些机会呢？

发展机会

除了学习资源，大公司也能比小公司提供更丰富的职业发展机会。

大公司因为业务跨度大、地域广，不用去到外面，在公司内部你就能接触到各种各样的职业机会。比如，我曾经工作过的几家大公司都为员工设计了不同的职业发展通道，员工可以在不同职能、业务或地域间短期或长期轮岗：做 HR 的人也可以去做财务、做业务的人也可以转来做 HR、中国员工也可以去做海外职位，等等。

　　我认识一位的朋友在一家大型跨国公司做人力资源总监。她所在的公司产品业务跨度很广，有设备、材料和健康医疗。她在做了几年工业产品事业部的人力资源总监之后想有更进一步的发展，也去看了公司外面的机会，最后还是选择转入公司材料事业部做人力资源总监。

　　用她自己的话说，不用离开公司就可以进入另一个不同的岗位，也仿佛是换了一家公司一样，面对完全不一样的业务挑战，整个经历不亚于一次跳槽。而且，原来在公司积累的各种资源还可以继续发挥效用，这样是一举两得。

　　所以，如果你还在大公司，而且在长时间干了一个工作之后想换一个环境，你最好先了解一下自己的职业需求是否在公司内部就能够满足。

工作范围

　　大公司的工作覆盖范围也是小公司无法比拟的。

　　在大公司里工作，不论你做的是哪个岗位，工作内容可能影响的是大量的人。做一个项目，你需要协调不同部门甚至不同地域的各种资源，锻炼的是你面对复杂局面的协调能力、谈判能力以及对大量资源的操控能力。

我之前在一家跨国公司做薪酬设计，每次项目设计出来后都要确保项目是否能在世界各地顺利落地。我们不但需要了解公司整体的薪酬策略，还要了解当地各国的人文、法规和习俗。一个项目做下来，也差不多成了各国劳动法的半个专家了。

我在现在公司支持的是营销部门。我们平时在招聘营销人员时，通常会在面试时问候选人负责过多大的预算、策划过多大的活动、管理过多大团队这些问题。

因为，管理上亿元预算和上百万元预算、领导几十人的团队和领导几个人的团队对人的能力要求是完全不一样的。

如果你在大公司里可以经得起大风大浪，凡事都能做到游刃有余，将来再去小公司发展，那么遇到再大的困难也不是什么问题了。

人脉资源

大公司里人更多，背景也更多元化。来自同事们工作内和工作外的信息输入对于你眼界的提升是非常有必要的。

假如小公司人数不多，时间长了，你容易被限制在自己的舒适区，以为你所见到的就是世界的全部。久而久之，一个人的眼界不自觉地就狭隘了。

前两天，有朋友转发了波士顿咨询公司董事长的一个观点：什么能够造就 21 世纪的领导者？其中一个因素就是人际网络的多元化程度（另外两条分别是：你预测变革的能力和抛弃过往的勇气）。

大公司的人际网络更多元化，很多从同一家大公司里离开的人后来又成了创业伙伴或合作伙伴。君不见现在的创业公司常见什么"阿里系""腾讯系"和"华为系"吗？

总结

大公司里面有学之不尽的财富，假如你感觉现在对这些东西还停留在略知皮毛的水平上，那最好还是继续在大公司里待一段时间，用一颗像海绵一样的心，把平时用来开小差的时间花在汲取公司提供的知识经验上，为将来某一天真正离开大公司做好准备。

如何规划自己的职业发展之路？

谈职业发展首先要认清自己身上的知识和技能，以及知道平时在工作中应该如何去打造这种技能。

知识技能的分类

第一个分类是专业知识和技能，还有一个是通用知识和技能。

专业知识和技能比较容易理解，就是你所在的这个岗位有什么样的专业要求。如果你是做销售的，就有销售技能的要求；如果做研发，就有研发技能的要求。

另外，还包括这个岗位所要求的行业知识。如果你所在的是汽车行业，那么你还需要了解汽车行业的一些专业情况。最后就是你所在的公司还有什么样的特殊要求。

通用知识和技能这部分能力不光在你现在所处的岗位或

公司上有要求，未来你去其他公司、其他岗位也会对这些通识技能有要求。

通用知识和技能包括沟通能力、写作能力、语言能力、PPT 制作能力、演讲能力、数据分析能力、项目管理以及领导力等，这个清单可以拉得很长。

大家可以回想一下，在我们平时的工作中，如果说某个人的项目管理能力非常强，或者说他的演讲能力很强、做 PPT 的能力很强，他在领导心目中的形象是不是更容易脱颖而出呢？

这些知识技能可以被进一步划分为四大类。

第一类：舒适区里的知识技能。

每个人都很清楚自己知道什么东西，这部分不是大家所关注的重点，也没有必要花太多时间和精力在上面。

第二类：你知道自己不知道的东西。

想要扩大你的涉猎范围，你需要查资料，需要请教别人，因为你知道这些事是你不知道的，你需要把它们学到手，这部分属于探险区。

第三类：你不知道自己知道的东西。

这个部分该如何发现呢？很多时候，当你在和别人分享的过程中你会发现，哎，原来自己还懂这个。在分享的过程中，你梳理了自己的知识技能。这是我自己亲身经历得出的体会。我一般在写文章或做分享前都会花很多时间来梳理自己的思路和过往经验。通过这种整理，使自己的知识经验更加条理化，形成清晰的、未来对自己有用的东西。这是"你不知道自己知道的东西"，但你可以通过分享和整理把它变成第一类知识，也就是你知道自己知道的东西。

第四类，你不知道自己不知道的东西。

最好的一个办法就是多和别人交流学习。学习的渠道有很多，你可以读书，也可以参加一些社团社群，多去了解关注别人在谈论什么、别人在学习什么，保持一个谦卑的态度，然后拓宽自己的认知边界。

如何培养自己的技能和专业

这里我想引用一个积木模型，这是在刚进入人力资源领域的时候经理给我的一个忠告。

当时我申请的工作和最后实际拿到的录取通知上的工作并不完全一样。我特别想去做薪酬，但是公司却要我先去做招聘工作以及做工厂里的员工关系等方面的工作。因为公司名气不错，所以我最后还是接受了。

入职之后，经理找我谈话说，你将来的职业发展应该这么来做：首先把基础打牢，就像搭积木一样，一个个把它搭起来。你缺什么就补什么。你也可以去做薪酬，但是薪酬只是你基础的众多积木中的一块，你不要眼里只看到薪酬而忘记了原来还有其他重要的"积木"。

以 HR 们常见的职业发展通道为例：

在你刚刚开始入行的时候你是一个 HR 专业人员；积累到一定阶段之后，你可以变成一个 HR 通才；再给予一定的时间，等具备一定领导力之后你可以成为 HR 经理；随着经验和领导力的增长，你最终可以成为人力资源总监。

因此，我就这么按照当初经理的忠告来规划自己的职业道路的。

首先，搭自己最基础的积木。对于做 HR 的人来说，基础包括底层的各个模块，有招聘、薪酬、培训、员工关系、劳动法等。当你把这些积木完全搭好之后，你才可以去做一个通才类的岗位人才。

接下来，我去做了 HRBP。这个岗位对人的要求和前面的基础工作不一样。基础职位要求每个岗位都做得专业，而 HRBP 则要求你把之前所有的专业模块串起来，同时还要具备一定的业务敏锐度，这样才能全方位地去支持业务。

然后，下一个阶段需要你去培养自己的领导力。你不光要做好自己，还要做好如何带领团队。自己做得好没用，团队做得好才叫你真正做得好，这个要求的就是领导力。我从一开始带领 1~2 个下属开始，到后来带领多达两位数的下属，也是一个领导力积累的过程。

等做到 HR 总监的职位，这时要求更多的是一种战略眼光。要看得比别人更加完整和长远，从一个更高的视角来为公司业务发展提供解决方案。

为自己减少竞争者

图 6-1 的作者是一位中国本土人才，名叫高建华，后来在世界 500 强企业做到了中国区 CEO，现在退休之后做全职顾问。这张图是他给自己做的职业规划。

一开始，他给自己的目标非常明确，最上面两个框是指在那个年代懂技术就很厉害，但是同样市场上有几百万人跟你一样都懂技术；如果你只懂英语，同样市场上有几百万人也懂英语；但如果你既懂技术又懂英语，那么能跟你竞争的人可能一下子就剩下几十万人了。

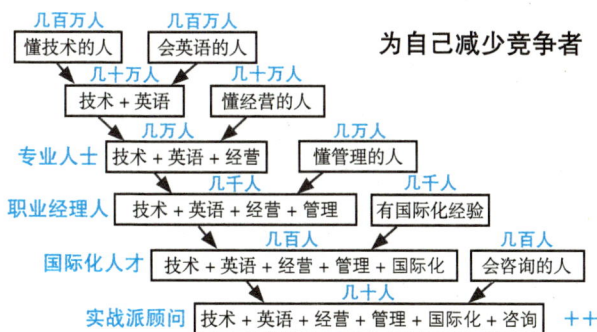

图6-1　职场竞争力递进图

　　如果你懂技术加英语加经营，那么市场上这样的人是就变得只有几万人；假如你在这基础上还懂管理，那么竞争对手只剩下几千人了。一直到最后懂技术加英语加经营加管理加国际化的咨询，具备这种能力的人，他认为整个中国市场上是不超过几十人的。

发展通用技能的方法

　　一个人在公司里最后能走多远，很多时候起决定作用的是他的通用技能到底强不强。那么，对于这部分技能又该如何去发展呢？

277

一、在实际工作中不断地打磨

我印象特别深的一个经历是刚进第一家公司时，我的经理是个美国人，口才特别好，就是那种演讲不打草稿的类型，而且内容的逻辑性很强、滴水不漏。

有一次我就请教她说："你的语言能力这么棒，是如何做到的？"她说，很简单，就是在日常工作中去训练。你不必非要找出一个时间单独去联系，而是可以把每一个工作中遇到的机会当成一个练习。

比如，今天你在过道上碰到一个同事，你跟他聊会儿天，可以把这个机会抓住来组织自己的思想和语言，锻炼自己的说话能力。平时工作生活中的机会很多，如果你抓住了，就比别人有了更多打磨自己能力的机会。

二、向周围的同事学习

周围同事一定会很多你不懂的东西。如果你能把这些人身上值得学习的东西都吸收的话，你就会变成一个非常厉害的人。

三、要拓宽自己的人际网络，不要只结交这个行业以内的人

如果说大家都同属于一个行业或一个公司，可能身上有很多特点都是一样的，那么你从他们身上学到的东西就很有限。但如果你结交其他行业的人，可能就会给你带来不同的启发。所以，每次跨行业交流我都能够学到非常多的东西。

四、利用工作以外的渠道

多参加一些行业的会议，还有一些圈子、公众号等，尽可能扩大自己接受信息的能力，全方位接受不同的信息。

这里跟大家推荐一个非常好用的 App——印象笔记，假如你到现在还没有听说过印象笔记，我希望你在看完本书后一定要下载一个。

印象笔记是我每天必不可少的学习工具。它有几个好处，第一就是 PC 端和移动端同步，比如你在手机上存的东西电脑上也会随时更新；第二就是它可以很方便地把你手机上看到的东西存储下来，而不用担心信息源被删除，看公众号文章的时候尤其有用。

我在自己的印象笔记里面已经收集了上千篇文章，然后分门别类地放在不同的行业栏目里。这个 App 对我起到了非常大的作用，大家可以试一试。

关于跳槽

一、考虑为什么而跳槽

大家跳槽的理由不一样，有时候是为了追求更高的薪水，有时候是因为现在的岗位做得不开心，等等。我认为最有意义的跳槽应该是你去追求一个更大的职业发展平台，让你的下一个工作能够给你带来更好的职业发展机会。

二、考虑待多久才跳槽

我自己的经验，包括平时看候选人，我会希望一个人在一个地方至少要待三年。如果你不到三年就跳槽的话，首先很多老板或 HR 会认为你这个人不稳定。

为什么强调三年？因为第一年你到一个新地方是学习适应的过程，其实你做不了太多的事情；第二年你完全适应了这个环境，开始做很多工作，推动了一些变革，这才是你真正去做工作的时候。这些工作做得到底好不好、产生的实际效果如何，一般是在第三年体现出来。

当然也有人三年不到就跳槽，期间也做了很多成绩。但是对于大多数面试官来说，他们可能会觉得你讲的东西缺乏说服力，所以个人建议跳槽之前最好待满三年。

三、考虑行业

女怕嫁错郎，人怕入错行。如果你进入了一个夕阳行业，即便这家公司的待遇很诱人对你的职业发展也是没有太大帮助的；如果你选择的是一个快速发展的朝阳行业，引用谷歌 CEO 施密特的话说："你想都不要想，赶紧跳上火箭船跟着一起飞吧！"

四、考虑公司文化

如果一个公司有一种培养人的文化，那么这样的公司是非常值得去的。

职业发展的三个建议

一、在平时工作的时候，既要埋头走路，也不要忘记抬头看天

平时除了关注自己的行业、公司、岗位，更要关注周围社会发展的大势是怎样的，经济形势、行业发展甚至其他行业是怎么发展的。

高盛最新的一份研报显示：中国未来四大赚钱行业第一个是新兴行业，第二个是新消费，第三个是互联网，第四个是健康产业。其中新兴行业包括了我所在的汽车产业——电动汽车。

建议每一个身在汽车行业里的小伙伴多关注一下行业未来的发展方向，包括新能源技术、无人驾驶、互联网平台等。这就是典型的"不要光埋头走路，也要去抬头看天"。

二、要为自己规划"之"字型的职业发展路径

很多人认为自己的职业发展应该是一条向上的直线，我必须要往上走，不然就不是一个有效的职业发展路径。

其实，职业发展既可以直线移动，也可以平行移动。就像前面说的搭积木，你在搭的时候也可能是在平行移动。通过这种方式扩大你的知识和技能领域其实也是一种职业发展。当你的底层积木搭得足够牢固的时候，自然就会产生很多往上走的发展机会。

三、让自己的人脉渠道变得更加多元化

还是那句话，多结交自己圈子以外的人，你会发现圈子外的人可能给你带来更多的职业发展机会。

以我自己为例，我几次换工作全是通过朋友介绍。有朋友甚至平时都没有太多联系，在偶然的机会下认识了，后来通过他们居然找到了一个好的职业机会，这简直就是一个意外之喜。

公司要裁员，你该怎么办？

　　某国内科技公司的一位研发负责人接到公司辞退通知后，以坠楼的方式结束了自己42岁的生命。

　　话说，这家公司还是一家著名的大公司。当初大学毕业时，很多同级的毕业生都以能进入这家公司而引以为豪。现在出现这种悲剧，让人唏嘘不已。

　　我之前在一篇文章中提到过，公司裁员这种现象以后在我们身边会越来越常见。我们已经习惯了过去三十多年中国经济的飞速增长，习惯了每年的加薪、升职。对于经济下滑可能造成的工作流失，很多人可能并没有提前做好准备。

　　经济发展都是有周期性的，没有永远保持两位数增长的GDP。凡事都有周期，有涨就有跌，潮起潮落，当大潮退去的时候，企业自然开始收缩，而想到的第一个办法，往往就是裁人降成本。

　　2008年，受美国金融危机的波及，当时中国国内也遭遇了一次经济下行，也有大量的企业裁员。不过，事情很快峰回路转，美国很快实行了量化宽松政策，同时加上中国的救市，国内经济不久就恢复了正常的增长。

所以，裁员之痛仅仅是一个短暂的回忆。对于大多数人来说还是比较陌生的。

2008 年我正好在美国工作，在一家两万人规模的世界 500强工业公司做 HR 经理。公司一夜之间宣布裁员 12%，大部分被影响的都是美国员工。

连着好几周，我们 HR 团队忙着和员工面谈、谈离职金。一些相熟的同事今天还在办公室碰到，明天就无奈走人了。到最后，连我们 HR 团队也有几位同事以这种方式离开了公司。当时正值寒冷的严冬，我那时候的心情就和窗外的天气一样，每天都处于阴郁之中。

那么，今天这种情况好转了吗？

与经济下滑所带来的威胁相比，现代科技的发展所引发的对工作机会的淘汰显得更加势不可挡。每天，很多行业、很多公司都在不断地被新科技所颠覆，还有很多行业正处于被颠覆的前夜。

2010 年，我进入一家国内领先的金融设备服务商做人力资源总监。在当时看来，这家公司的商业模式属于躺着也能挣钱的那种。公司主要从事 ATM 机设备的软硬件服务，顾客只要在这家公司服务的 ATM 机上跨行取款，那么该公司就会和设备所属银行一起共享一笔费用（该费用由顾客或发卡行承担）。

那时的国人还非常偏好使用现金，每天通过该公司服务的 ATM 机取款的金额数大得惊人。公司发展前景相当乐观，几家大国有银行还纷纷投资入股。

记得当时公司创始人有一个很"宏伟"的计划：他希望未来能够把 ATM 机变成一个智能终端，通过互联网连起来，顾客不但能够在上面取款、汇款，还能实现购物、上网等电子商务功能。

如今，回顾当初你会不会觉得很好笑：ATM 机没有实现的那些功能让手机实现了，这是当初的我们无论如何也想不到的，而这就在短短的几年间。

这就是科技进步所带来的严酷现实，这段经历也在不断地提醒我，这个世界被改变、被颠覆的速度远远超过了我们的想象。

都说人工智能科技的出现将逐步替代一大批的劳动者，尤其是那些传统行业。

我现在的公司就处于传统制造业，前段时间和来自公司上游的、也是传统制造业供应商的 HR 聊天，大家纷纷感慨，在工业机器人技术的发展下，以前一条制造生产线要几十上百人，现在几个工人就可以负责一条生产线。

今天，连我们公司的 HR 服务也开始探索使用人工智能技术的方式，准备用类似大白机器人的技术来提供最基础的 HR 问答服务。可以预见，相关技术和设备一旦实施，一批做基础 HR 共享服务（SSC）的人员将面临被取代的可能。

之前和一个电游公司的人力资源总监交流，他的观点是：程序员的状态巅峰期出现在 26~28 岁这个年龄段，28 岁之后，他们的生产力和创造力就开始逐渐走下坡路，很多人不得不被淘汰。

在未来的职场上，当连 30 岁都会成为高龄，你还能指望什么。难道，当真的有一天接到公司辞退的通知，去选择最极端的一条路吗？

分享三个自己身边真实的案例：

朋友 A：五年前从一家大型跨国公司 HR 专员的岗位上辞职，开始独自创业。后来涉猎过的业务包括留学咨询、幼儿英语教育、人力资源培训等领域。五年过去了，现在事业做得不算差，至少时间自由，财务也自由。五年前她还属于典型的工薪族，现在的她拥有四套房，其中三套在国内某省会城市，一套在伦敦。

朋友B：三年前在某跨国公司做采购职位，后来公司将她的职位转移到海外，本人被裁员。之后，她凭借自己的行业和专业知识，转行做原东家的供应商的销售，属于不拿工资只拿佣金的那种。现在业务做得风生水起，每天工作时间是之前的几分之一，而收入是之前的几倍。

朋友C：两年前因为公司业绩不佳，在领到一笔离职补偿金后从一家大型跨国公司的高管职位上离开，之后白手起家开始创业。凭借自己在行业内多年的经验和人脉，迅速搭建起来一支团队，在经历了最初几个月的挫折之后终于扭转了局势，公司业务也步入正轨。前不久，公司成功吸引到了上亿元的外部投资。

很多人因为现在处于一个大平台、大公司都容易产生一种幻觉，尤其是在面对来自周围羡慕的目光时，觉得自己很厉害，牛得不得了。其实，很多时候，你在别人眼中显得很牛，是因为你背后的金字招牌更牛，而不是你自己牛。

假如把这个金字招牌撤掉，你在别人眼中还同样有价值吗？

我曾经从一个朋友那听到过一个不错的建议。他说：如果你有机会到外面去分享、交流，建议你要淡化自己的公司背景，尽量突出你的个人品牌。这样，你才知道，如果有一天当你不得不离开现在平台的时候，你个人的价值到底有多少。

我现在的感受，写微信公众号是一个检验个人价值的好途径。

你把文章写出来发到网上公布，在没有人认识你、知道你的背景和平台的前提下，喜欢的人自然会前来阅读、点赞。你提供的内容越有价值，阅读、转发的人就越多；你的东西没什么价值，自然不会有太多人前来捧场，自己把自己折腾得再起劲，最后也产生不了什么流量。

还有一个检验自己个人价值的途径是去做公开的分享，最好还要收费。

为什么要收费呢？免费的东西谁都喜欢，但是免费的东西有一个问题，哪怕你提供的东西没什么用，别人听完之后也不觉得有什么损失，大不了就算浪费一点时间罢了，也不会有人对你说三道四。

但是一旦有收费就不同了，哪怕是很小的一笔收费，人家付了钱，期望就不一样了，希望你能够拿出真金白银的好东西。你提供的东西没价值，不但少有人来给你付费，甚至付了费的人还会来跳出来骂你。这样的话，你还能承受得起吗？付费自然就能对自己的真实价值有一个清醒的认识了。

那么，怎么保持让自己增值呢？很简单，坚持不断地学习，不断地投资自己。世界上投资的方式有无数种，但是最有价值、最方便，同时也是成本最低、风险最低的投资，就是投资自己。

有人会投资房产，有人会投资股市，但是，房价可能会跌、股市可能会缩水，而投资自己完全不用担心投资不成功。你今天投资在自己身上的每一分努力，都会成为未来构成你厉害的一块砖石。

查理·芒格都94岁了，还在保持每天读财报、每天学习的状态，对于我们这些普通人，还有什么理由不努力呢？

而一旦具备了不再依附某个平台、某个公司的个体价值，当某一天公司真的选择和你分手的时候，你也就没什么好担心的了。

成为一个会做咨询的 HR

假如你现在面临着以下场景：

你是一家工厂的 HR 经理，现在工厂总经理向你抱怨最近的人员招聘质量非常不理想。而且工厂总经理说，如果你不尽快把这个问题解决了，他就准备把招聘工作全部外包出去。

又假设，你是一家公司的 HR 负责人。公司的 CEO 向你抱怨现在公司人员规模扩张太快，部门和部门之间的合作存在严重问题，已经对整个公司的工作效率产生了明显的负面影响。而此时，你才加入公司不到两周时间。

遇到以上场景时，一切毫无头绪，你该从哪里入手？

最近在领英网上读到一篇关于文化变革的文章。文章认为，成功的文化变革取决于三个因素：

首先，文化变革必须由业务领导层来领导，一旦 HR 越俎代庖，这种变革多半最终会无疾而终；其次，文化变革需要一线业务经理来担纲做第一责任人；最后，整个变革过程中，HR 要起到咨询顾问的角色，除了为业务经理提供专业意见以外，还要在流程上提供相应的培训、工具等支持。

我想很多人看到这样的内容并不会感到陌生。其实，除了做文化变革，其他的任何人力资源工作包括绩效、招聘、人才管理等，都只有当业务管理层真正负起第一责任来，这些工作才会真正受到所有人的重视，并有望结出硕果。

那么，要让业务部门真正对人的工作负起责任来，最重要的一个前提条件就是前面文章中提到的第三点：HR 应该具备一定的顾问和咨询技能。

很多时候，一些 HR 人员本来具备了一定的专业知识和经验，但是不知道该如何以一种正确的方式把它用出来，去向业务部门提供自己的支持和服务，尤其是摆不清楚自己和业务部门之间的位置，要么是过于冒进，反客为主；要么是过于保守，唯唯诺诺。

不论哪种情况，最后都无助于让自己成为一个业务部门可信赖的合作伙伴。这样的 HR 一般做到后面也就越来越边缘化了，HR 要做业务伙伴的口号最后也就成了一句空话。

因此，要让 HR 真正成为业务伙伴，在拥有业务敏锐度和专业技能的同时，一定的顾问咨询技能必不可少。

戴尔是我所经历的公司中专门为内部 HR 团队建立咨询顾问胜任力模型（CCM，Consulting Competence Model，如图 6-2 所示）的唯一一家公司。每年公司都按照这一模型对新加入的 HR 员工进行培训。

事实上，在本文开头提到的两个模拟场景都是我之前在工作中实际遇到的。假如使用戴尔提供的方法，就可以很容易地切入问题并解决问题了。

首先，按照 CCM 模型，要成为合格的公司内部 HR 咨询顾问，需要具备六个方面的胜任力。

第一，变革领导者：在组织内部具有一定的影响力和良好的促动能力，能够充分调动起他人的积极性推动变革。

第二，踏实的专家：是 HR 某个或各个模块的专家，同时懂业务，熟悉业务流程，也具备一定的专业技能。

第三，可信赖的顾问：具有良好的沟通能力，能在和业务管理层沟通的过程中自信、准确、真实地传递信息。

第四，业务驱动者：具有结果导向的思维，能够与业务管理层密切合作，完成业务目标。

第五，有见解的观察者：具有系统思考的思维，能够全面探究问题，找到问题的解决方案。

第六，负责任的伙伴：有服务客户的意识，能够与他人团结协作。

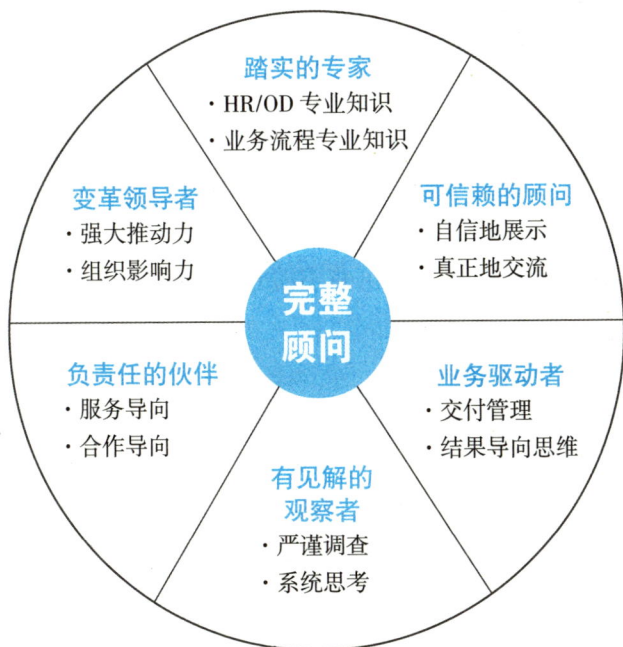

图6-2 咨询顾问胜任力模型

此外，戴尔还对 HR 在咨询过程中的工作标准有如下四点
要求：

1. 心态开放，能够接纳不同意见，同时要正直诚实；

2. 善于举一反三，不墨守成规，能够根据客户要求定制不同的解决方案；

3. 杜绝凭空臆测和拍脑门决策，一切方案要建立在一手数据和事实之上；

4. 为客户保密。

在具体的咨询过程中，戴尔的 HR 咨询顾问模型建议分为以下七步。

和客户界定咨询工作范围

第一步的关键是确定客户期望，以及双方共同同意咨询所覆盖的工作范围、交付以及完成日期。只有双方对工作标准和工作结果取得一致，才能确保接下来的工作不偏离正常轨迹。

工作范围过窄和过宽都不好。过窄会导致未能解决全部问题；过宽会导致战线拉得太长，可能会超出资源和时间的需求。

因此，咨询顾问和客户之间通常会达成一种共识，好的共识应该包括以下内容：

1. 目标（具体交付形式）；

2. 完成日期；

3. 资源（预算、人员等）清晰；

4. 分工明确，尤其是明确客户需要配合的责任和范围；

5. 双方工作沟通方式，比如定期面谈、电话会议或邮件等。

分析客户问题

这一步需要发现问题、提出问题、收集数据和信息。提出问题可以参考 STAR 模型。如图 6-3 所示，STAR 模型分别从战略、结构、流程、激励及人员五个方面来提出问题，帮助咨询顾问可以全面地探究组织的问题。在具体实际咨询过程中，可以结合该模型采用如下方式提问。

一、战略

组织愿景是什么？

长期目标是什么？

短期目标是什么？

价值观和文化是怎样的？

二、结构

组织的架构是什么？

组织内部的关键岗位和角色是哪些？

关键岗位的岗位职责是什么？

组织内部的权力分配是怎样的？

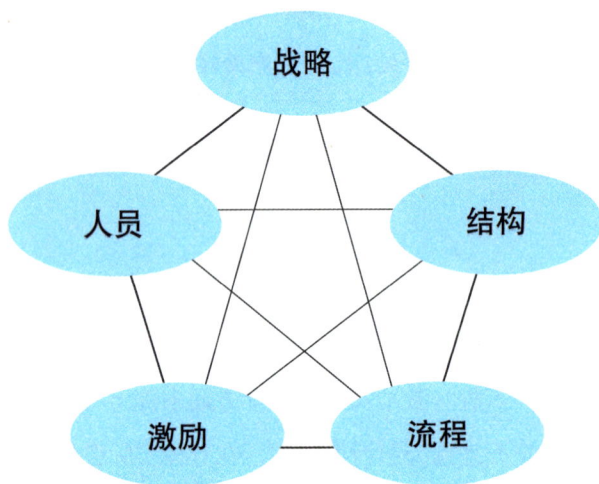

图 6-3　STAR 模型

三、流程

主要业务流程是怎样的？

重大决策流程是怎样的？

部门和部门之间、团队和团队之间的协作关系如何？

四、激励

薪酬和绩效体制主要激励了哪些行为？

员工如何取得报酬？

奖金或其他激励计划是如何设计的？

如何衡量个人在组织内部的成功？

五、人员

组织主要需要哪类人才？

组织如何定义人才？

人才的选育用留机制是怎样的？

收集数据

在以上基础上，尽可能深入地挖掘组织内部的信息和数据。通过采访、工作坊、焦点小组、在线调研、文件调阅等方式获得一手数据。主要数据来源者应该为组织内部的利益相关者。在必要的情况下，也可以采访组织外部的相关人士，比如企业的客户或经销商等。

数据收集阶段的一个关键点是：尽可能保持数据的客观性和完整性，不要加入个人的主观色彩。

数据分析和诊断

分析收集到的数据，让数据说话。找出问题可能出现的原因。这一步不要急于求成，一下子跳到解决方案上。先尽可能地把原因都挖出来，详尽地排列、排序。原因找到了，解决问题就容易水到渠成了。

提出解决方案

建议可行的解决方案，列出各种可能的选项，然后分别分析利弊，提出优先顺序。识别解决方案实施中可能遇到的障碍，讨论可以如何避免或克服这些障碍。

实施行动计划

实施行动计划时要确保在实施过程中建有一套评估和反馈机制，可以在实施中途不断获得项目的反馈意见，以便于随时调整。没有任何事情是一成不变的，需要密切关注实施的过程，并在其中吸收各项目相关方的意见和反馈，随时准备对这些反馈做出反应。

结果评估

评估项目实施结果，最好能有量化结果显示。总结经验教训，为下次类似项目的更好实施打下基础。同时，将评估结果沟通到所有的利益相关者。

中美贸易战开打对 HR 的启示

美国总统特朗普签署备忘录，宣布将有可能对中国进口的约 600 亿美元的商品加征关税，另外还会限制中国企业对美国敏感行业的投资并购。特朗普在签署备忘录时，还不忘对镜头前的新闻记者宣称：This is the first of many （这才只是刚刚开始）。

隔天，中国商务部迅速跟进，也宣布了自己的反制措施，宣布对自美国进口的部分产品加征关税。

图 6-4 是网上公布的一份中美双方的加征关税商品名单：

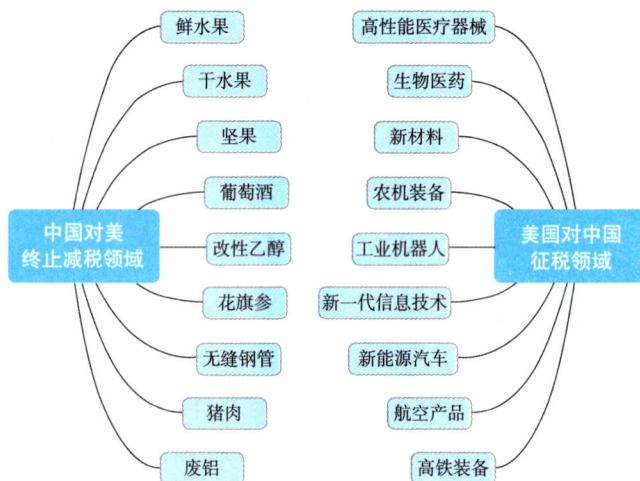

图 6-4　中美双方的加征关税商品名单

不知道大家看完这个清单后想到了什么？朋友圈有人调侃说，这是一个现代工业强国在挑战一个传统农业国。只不过，这里说的传统农业国是美国，而不是中国。

我看完这份清单的第一反应是：加征关税是幌子，背后真正的目的是压制"中国制造 2025"的宏伟计划。

"中国制造 2025"计划以创新驱动、质量为先、绿色发展、结构优化、人才为本作为基本方针；以提高国家制造业创新能力、推进信息化与工业化深度融合、强化工业基础能力、加强质量品牌建设、全面推行绿色制造、推动重点领域突破发展、深入先进制造业结构调整、积极发展服务型制造和生产性服务业、提高制造业国际化发展水平作为任务和重点。

该计划所提及的重点发展领域包括新一代信息技术创新产业、高档数控机床和机器人、航空航天装备、海洋工程装备及高技术船舶、轨道交通装备、节能与新能源汽车、核能或可再生能源电力装备、农机信息整合系统、纳米高新材料或模块化建筑及生物化学医药及高性能医疗器械。

看到这里相信大家都明白了，美方的打压清单基本上就是我国 2025 制造计划重点领域的翻版。

在过去 10 多年来，随着中国经济发展和科技的迅猛发展，中美之间在高科技产业方面的差距不断缩小。美国已经有人喊出，中国再用不过 10 年就可能赶超美国，成为世界第一经济强国。

正是因为此，美国对中国的崛起高度警觉，这次出手，包括之前对支付宝收购 Money Gram 和博通收购高通等交易的否决，可以看出美国对我国的迅速崛起已经没有太多办法可以阻止，只能通过政府干预甚至不惜使用贸易战这种"杀敌八百、自损一千"的大招。

另据美国《华尔街日报》的报道，美国政府还在考虑其他的对华限制措施，包括缩短现 10 年期访美商务签证的期限及限制中国赴美留学签证的发放。

虽然这些信息尚未得到官方证实，但是，综上不难看出，美国发动贸易战，表面是为了减少两国间的贸易逆差，实际目的是希望从贸易、投资和人才等多个角度下手，限制中国获得美国高科技领域的知识产权，不惜一切代价阻止中国高科技产业的崛起。因为美国明白，如果中国的高科技有一天全面赶超会是什么后果。

贸易、投资这些事情自然有两国的政治家们去考虑。但是，作为 HR，这一系列的新闻给我们带来的启示是什么呢？

改革开放初期，我们做企业、搞产业，尚且可以学习西方发达国家的先进经验，以美国为首的西方国家无论在技术上还是管理上都可以称得上是我们的老师。

但是，随着过去 10 年现代科学技术在中国的迅速发展，中国也有了越来越多的自主创新产品。我们的高铁、微信、新能源等创新领域都是在国际经验非常有限的情况下自主取得的成绩，而这一切归根到底都是通过不断创新所实现的。

现在，竞争对手希望逐渐关上大门，通过限制我们产品的出口、资金的投资以及人才的流动，来阻止我们创新发展的步伐。而我们唯一能够做的，就是坚持不懈地将创新坚持下去。

从 HR 的角度，应该更积极地参与到企业制度创新和文化创新中去，在一家企业中，除了老板或创始人，没有人能够在创新文化的建设中发挥与 HR 相同的作用了，而没有一个良好的创新氛围和土壤，产品和科技的创新只能是空中楼阁。

除此之外，HR 还应该积极审视自身的创新。在商业进入体验时代和智能时代后，HR 应该帮助组织从管控向赋能转变。未来三支柱（HRSSC、HRBP、COE）也许将不复存在，留到最后的只会是那些能够实现自我革新、迅速适应外界变化的 HR 组织。

每一个 HR 从业者都应该从自己做起，走出去多了解市场的创新做法，敢于推倒自己头脑中那堵传统思维的围墙，在不断与外界交流中吸取宇宙能量，在不断自我创新中让自己保持身轻如燕。

前两天一份名叫《人力资源管理纲要 2.0》的华为文件在朋友圈刷屏，我非常佩服华为的这种做法，不怕把自己的管理秘笈公开出来，其目的也是让自己更加开放，拥抱变化，吸取更多的新观念和新东西，从而更好地提升自我。

世界正处于剧变的前夜。这是一个最好的年代，因为这是一个机会最丰富的时代；这是一个最坏的年代，因为你稍不留神就会被别人远远地抛下。时不我待，只争朝夕。

作为 HR 个人，我们如何提升自我？

借用《奈飞文化手册》一书中的一句话来回答：对企业和个人来说，应对今日激烈竞争、充满活力的商业，最好的办法就是保持敏捷和灵活，确保自己发展相关技能，并为未来的成功取得所需要的经验。我们都应该主动积极地为未来之路做好准备。

百事公司女 CEO 离职时分享的
6 堂领导力课

2018 年 10 月 3 日，百事公司传奇 CEO 卢英德（Indra Nooyi）女士卸任 CEO 职位。

作为世界 500 强掌门人里面不多见的女 CEO，卢英德又因为她的印度裔背景显得引人瞩目。在《财富》杂志 2017 年举行的一次"世界最有影响力的女性商界人士"评选中，她排名第二，仅次于脸书公司的 COO 桑德伯格，由此也可以看到她的巨大影响力。

卢英德担任百事 CEO 职位长达 12 年之久，在此期间，她交出的成绩到底如何呢？

在卢英德任职百事 CEO 期间，百事的收入从 350 亿美元增长到 635 亿美元，几乎增长了一倍；截至 2017 年底，股东回报大约为 162%。这一亮丽的成绩超过了百事公司的老对手可口可乐。

在离职当天，卢英德发表了一封公开信，分享了她在百事学到的 6 堂领导力课。

具有清晰的愿景

卢英德认为，作为领导者，不论你身处运营、销售、研发还是公司的任何一个职能部门，永远都要记住拥有一个清晰而有力的愿景。她引用了《圣经》里的一句话："Where there is no vision, the people perish."意思就是：人将死于没有愿景。

愿景式领导是今天讨论领导力时用得越来越多的一个概念。擅长愿景式领导的领导者能够通过在团队中建立起共同的价值观、信念和目标，来引导团队成员的行为，并促进他们的发展和组织目标的完成。

同时聚焦短期和长期目标

卢英德在信中提醒领导者们，既要努力实现短期目标，同时也要不忘长期的、有助于组织可持续发展的目标，并在两者之间实现平衡。

如何平衡长短期目标？

卢英德在早前接受一次 CNBC 采访时提到："我们需要首

先努力保证短期业绩目标的达成；中期目标则需要聚焦于我们接下来在新兴市场进行哪些收购，以此来增强公司的整个业务线；至于长期目标，我们需要继续投资于研发领域让公司产品变得更丰富，这些投资今天看不到成效，但是从长期看都会有丰厚回报。"

和团队一起工作

领导者切记要带上团队。无论你的战略多么高明，最后的成功或失败都取决于一个因素：团队。卢英德希望领导者在要完成的每一件任务上都找到可以帮助实现自己愿景的团队成员，然后对他们赋能，帮助他们取得成功。

在带领团队方面，卢英德认为对领导者而言最重要的一点是诚实：永远不要对团队撒谎。无论是好消息或坏消息，都可以直言不讳地告诉团队。人们期待真相，在告诉他们真相后，他们的反应会出乎你的意料。

做一名积极的聆听者

积极向周围的人寻求对自己的反馈，哪怕是负面的反馈，也要假设对方出于良好的用心。仔细体会对方的语言，随时准备挑战对自我的一贯认识，这是成为一个更好的自己的方式。

成为终生的学习者

世界正在发生快速变化，每一个人也需要与时俱进。要想取得持续的成功，你就需要保持不断的学习。卢英德建议，不论是阅读还是参加线上、线下课程，永远把持续的正式学习当成自己的首要任务。

在学习方面，卢英德自己身上曾经有过一个案例：

当她还是百事公司 CFO 的时候，她面临着一个难题，是否要重建公司的 IT 系统。该项目需要投资 10 亿美元，当时在公司内部存在诸多质疑。后来，她利用假期，从每一个角度系统地研究了公司 IT 系统存在的问题。同时，她还读完了 10 本 IT 教材，并专门向大学教授请教。她甚至读完了公司之前做的 IT 架构建设项目的全部文件资料。最终，她拍板决定实施项目，事后证明这是一项正确的决定。

巧妙地利用时间

时间对所有人都是公平的。每个人一生的时间非常有限，这就更需要最大化地利用好每一分钟时间。尤其是，多把你的时间分配给那些你最珍惜的人。

卢英德认为，尽管自己的职业生涯很成功，但是她是牺牲了很多本该花在和家人在一起的时间。她从百事辞职的一个主要原因，就是希望多花时间陪伴自己的已经80岁高龄的母亲。

说到卢英德的母亲，她曾分享过一个很有意思的事情：

在收到百事任命她为 CEO 的消息当晚，时间已经过了晚上 10 点，她母亲当时让她出门去买一盒牛奶。当她买完牛奶回家，气冲冲地把牛奶往桌上一扔，然后跟她母亲抱怨，她刚刚让一名世界 500 强的 CEO 出门买牛奶。

接下来她母亲的话让她至今难忘："从进家门之后，你的身份就不再是 CEO，而是妻子、女儿、母亲，你的这个身份没有人可以取代。"

年底了，怎样写一封让老板
笑得合不拢嘴的辞职信？

美国驻联合国大使黑莉（Nikki Haley）宣布从 2019 年 1 月开始辞职，闹出了一个不大不小的新闻。按理说特朗普上任后内阁成员换人的不少，但是黑莉的这次辞职还是显得非常与众不同。

众所周知，自从特朗普上任以来，内阁高官换人频率之多，大有一举问鼎美国历届政府离职率的趋势。从国家安全顾问到白宫新闻发言人、从首席幕僚长到 FBI 局长，众多高级官员们如走马灯似地被换掉。

所有案例中，又数前国务卿蒂勒森的离职最富戏剧性。据说，这位国务卿当时还是在外面出席外事活动时从电视直播中看到特朗普发推特让自己走人的消息的，当场傻掉。

这么多人离开，原因无非只有一个——无法满足特朗普那挑剔的用人要求。

　　大多数人最后都走得灰头土脸，但唯独黑莉是个例外。

　　在收到辞职信后，特朗普故作神秘地在推特上宣布有一个重大消息要发布。然后邀请黑莉和他一起出现在一大堆新闻记者面前，正式宣布了她的辞职消息。特朗普还当着所有人的面对她两年的联合国工作赞誉有加，并邀请她未来有机会再回来工作，可以说对这位女下属给足了面子。

　　先简单介绍一下这位大使的背景。黑莉出生于一个印度移民的家庭，在出任联合国大使之前官至美国南卡州州长，是特朗普内阁中少见的少数种族加女性背景的高级官员。曾有媒体推测，黑莉辞职后可能会竞选下一届的美国总统。

　　先抛开黑莉的政绩不说，我觉得她的这封辞职信就给了众多职场人士一个值得学习的榜样，简直可以成为以后职场人士写辞职信的模板。

　　这封信的套路大概可以归纳成下面这几步：感谢老板—细数成绩—说明辞职原因—明确辞职时间—继续支持老板。

　　下面我简单翻译一下信的原文，然后做了个点评。

感谢老板

　　原文：You will recall that when you offered me the position of United States Ambassador to the United Nations in November 2016, I accepted the offer based on some conditions（略）. You made those commitments and you have absolutely kept them all. For that too, I will always be grateful.

译文：您会记得两年前您邀请我担任驻联合国大使一职，我提出有条件地接受这一职位（略）。您答应了这些条件，并一直信守您的全部承诺。对此，我会永远感激。

细数成绩

原文： We achieved great successes at the UN. We passed … I am proud of our record.

译文： 我们在联合国获得了巨大的成功。我们一起通过了……（成绩列了一大堆，略过）。我对我们取得的成绩深感自豪。

点评：辞职之际重新列数一下自己过往的成绩是必须的，一来再次提醒老板自己有多重要，二来也避免被后来的人摘桃子。

解释辞职理由

原文: I have been in public office for fourteen straight years. As a businessman, I expect you will appreciate my sense that returning from government to the private sector is not a step down but a step up.

译文: 我已经在公共领域连续服务长达 14 年。作为一名（曾经的）商业人士，我希望您能理解我希望从政界转向商界的愿望，这不是走下坡路，而是在走上坡路。

点评: 向老板辞职终究不是个什么好事。这句话最厉害的是，点出特朗普曾经也是一名商业人士，现在自己要下海了，希望对方多展现点同理心，给予理解和祝福。

交代辞职时间

原文: Accordingly, I am resigning my position. To give you time to select a replacement, and to give the Senate time to consider your selection, I am prepared to continue to serve until January 2019.

译文: 因此，我将辞去职位。为了让您有时间来挑选一名替代者，也让参议院有时间来考虑您的人选，我计划继续服务至 2019 年 1 月。

点评：离职时，老板最头疼的事是这个职位谁来继任。黑莉在这里很体贴地给老板足够的缓冲时间来找到一名继任者。这样的话，老板还有什么好抱怨的呢?

继续支持老板

原文：I expect to continue to speak out from time to time on important public policy matters, but I will surely not be a candidate for any office in 2020. As a private citizen, I look forward to supporting your re-election as President, and supporting the policies that will continue to move our great country toward even greater heights.

译文：我未来依旧会对重大的公共政策话题公开发言，但是我肯定不会成为 2020 年竞选的一名候选人。作为一名普通公民，我会继续支持您成为下一届总统，继续支持您的各项重大政策。

点评：含糊其辞地说明自己的下家单位。但是，针对外界媒体猜测她会竞选总统一事,黑莉非常聪明地在信中明确解释,给老板吃下一颗定心丸。

看完以上辞职信,您说,对于这样的前下属,老板能不喜欢吗?怪不得特朗普笑得都合不拢嘴,还欢迎她以后有机会继续回来任职。

年末的几点收获

从 2018 年到现在我经历了很多有意义的事，无法一一列出。后来，我又和 HR 成长部落群最早认识的几位朋友年终小聚，谈话间颇受启发，想到了几点收获，并将其归纳出来。

自我反思

2018 年下半年我开始尝试写反思日记，不一定每天都有时间或灵感可写，但我还是努力让自己尽可能写些东西。内容无非包括以下几个部分：今天完成的最美好的事、最值得反思的事、阅读中最大的收获、认识的新朋友以及学到的新东西。文字可多可少，反正是给自己看的，重要的是隔一段时间回顾并反思一次。

时间飞快流逝，尤其在信息轰炸下，稍不留意，很多有价值的东西说过去就过去了。而过了当时那个节点，有些有价值的东西就可能再也找不回来了。自我反思的好处在于，把过去的每一个点滴都积累成为你可以通向未来的阶梯。我有时上课也让学员随时用记事贴上写下课堂上某个瞬间的感悟。某个月，我上了两天人力数据分析课，学员们共写下了近80条心得，一位有心的同学将它们全部抄写下来给我了。现在每次重读，我依然会有一些新的启发。

学习精进

人在职场，到底该学习什么？如何有效地学习？这是每天困扰大多数人的问题。首先，你要确定一个学习方向。最好的出发点就是围绕你当下要解决的某个问题，以点带面展开去深入分析问题和找寻答案。今天的网络资源很发达，百度、谷歌、网站、微课……比比皆是。前不久我还听到一个故事，说某讲师的独门绝技就是每次遇到一个新课题时就去百度文库下载大量的文件来学习，直到把自己变成这个课题的专家。

对我而言，我发现最有效的学习途径是阅读和与人交流。碰到不懂的领域，先去找来几本教科书级别的书，看完这批书后就能为自己搭建起一个扎实的基础体系。而与人交流的意义在于可以最快速度地接触到别人实践和内化的东西，通常这些东西或者在书上要花很长篇幅才讲得明白，或者从书里压根就找不到。

不断迭代

乌卡时代（VUCA 是 Volatility、Uncertainly、Complexity、Ambiguity 的缩写，VUCA 时代指的是变幻莫测的时代）的重要特征就是世界变化太快，而很多人还总停留在自己的舒适区，无意甚至拒绝去升级自己的操作系统。我在 2018 年 8 月份离开大公司的工作平台，开始了全职咨询顾问和讲师的生涯。一开始，我曾很担心自己的课程内容容易被人复制，知识产权无法得到应有的保护。最后一位朋友的建议让我茅塞顿开，他说："为什么要死守那些不变的东西呢？如果每次课程之后你都对内容不断迭代和升级，总给你的学员带来新的东西，你又怎么可能会去担心别人的复制呢？"

学会提问

擅于提问可能是实现自我迭代的最好方法。跟人交流得越多，我越发现那些绝顶厉害的人和一般人相比的差异就体现在他们的提问上。上个月我对一群 HR 高管做了关于奈飞企业文化的分享，分享结束后，有位老师的提问是："你认为奈飞的企业文化在什么场景下对中国的企业是适用的？"当天她还提出了另外几个问题，都是引人深思的问题。我之前已多次分享过这个话题了，但并没有听到过这样的提问。这位老师现在是一位资深的咨询顾问，之前也曾担任过大型集团的高管，她的一本著作我也拜读过，其中的观点和洞察也是非常独到的。

我们关注的不应是问题的答案，而是提问者为什么会提出这样的问题，以及我们为了寻找答案而去深入思考的过程本身。在《引领皮克斯动画实现创新的那些提问》一文中，我提到皮克斯公司创始人埃德·卡特穆尔与其他领导者不一样的一个地方就是不断自我提问，这大概就是皮克斯能够打造出一种独一无二的创新文化的根本原因吧！

真诚待人

有效领导力的核心要素之一就是真诚待人。很多公司的待遇和条件并不是最好的，但是员工愿意留下来，很重要的一个原因就是来自领导者的真诚待人。前两天我在朋友圈看到一位带 50 人团队的总经理写的年终总结，其中第一条是："心底无私和真诚沟通是一种巨大的领导力，某些时候道理是讲不通的，利益也听不进去，最后能坚持把事情做下去的，就是这点东西了，这往往是团队凝聚的基础。"

　　我曾访问过一家位于长三角四线城市的民营企业，该公司经过多年发展已成为国内同行业的隐形冠军。这家公司的软硬件环境做得有多牛？同去的几位企业家参观完毕后开玩笑说："我们想回去把公司关了，然后来这里打工。"该公司创始人分享了他最重要的一条管理理念就是：极致的为善和极致的利他。这条定理对员工适用，对朋友、客户、合作伙伴同样成立。真诚地对待和你打交道的每一个人，才可能让你真正有所收获。

自我学习的优质资源之不完全指南

HR 是我遇到的最爱学习的一个群体，经常有人在后台给我发来信息，说希望能推荐学习课程或资料。推荐什么好呢？互联网时代，各种线上线下课程种类繁多。有的课程价格不仅不菲，很多人上完之后却觉得并没有很大收获。有没有不花钱或者少花钱就能够接触到的高质量学习资源呢？这里来分享一下我在这方面的经验。

书籍

书籍是性价比最高的信息吸收渠道。我自己看的书一般来自三个渠道。第一个是教材。如果你想从开头学习某个话题，直接找来这个领域的大学教材研读是最有效的。教材的好处是框架体系全面，可以从一开始给你打下一个比较牢固的基础，给你指引一条正确的道路。比如，之前总有人来问我推荐 HR

的基础书籍，我一般推荐人民大学出版社的教材《人力资源管理》。教材的缺点是内容比较干，难度也比较深，和畅销书相比读起来让人乏味，没有太好的耐心和定力一般是很难坚持读下去的。

第二个渠道来自朋友的推荐，当然推荐人必须是你信任的。我会比较留意朋友圈里自己信任的某个领域的专家。不少专家都有在朋友圈荐书或晒书的习惯，如果正好遇到自己感兴趣的领域，那就可以先默默地把书名记下来。有时我也会直接去问这些朋友就某个话题有什么推荐的好书。

第三个来自专业公众号的推荐。关注某些公众号久了，相信你对其专业程度也会有一个了解。对于自己信任的公众号推荐书籍的时候，我也会格外留意。

在线课程

之前看到一位大咖的文章，讲他身边的一位牛人学习从来不看书，想学啥直接上油管（指国外知名视频网站 youtube）去找视频看就行了。这当然是一个极好的办法，但是，如果你无法突破技术难题去上油管的话也可以考虑我的办法。我常用的在线课堂一个是网易公开课，另一个是 Coursera。

这两个网站上都有来自知名学者或大学的课程，从传统的人力资源管理到最新的人工智能，很多课程是免费的。尤其是Cousera，选课的时候有个小窍门，正常的课程注册需要收费，但是如果你选择只旁听不要证书，那就是免费了。上这些课除了学习专业知识，还有一个好处就是练习你的英语听力，一举两得。我现在越来越喜欢网络课堂。它最大的好处就是可得性，坐在电脑前就能听到大师们的讲解。有听不懂的地方随时可以回听，也可以随时把进度停下来查资料，做笔记，这种方便和舒适是你花钱坐到真正的课堂上所得不到的。

与人交流

与高手交流是最便捷地获得别人经验和学识的方法。有效的交流一定要是以一对一的形式，提前准备好你的问题，交流时把你的注意力全部集中在对方身上，别人简单的一两句点拨可能就能节省你辛辛苦苦去琢磨几小时的工夫。

有个朋友的做法给我的印象特别深刻，她和很多人一样也会经常参加一些线下活动。但是，每次参加活动前她都给自己一个任务：一定要认识一个比自己厉害的新朋友，然后加对方的微信。

以上三点是我的个人心得，如果你觉得自己也有一套性价比高的学习方法，也欢迎和我分享。

读书笔记

读书笔记

读书笔记

《解密 HRBP 发展与体系构建》这本书将全面告诉你 HR 如何成为 BP，他的真知灼见一定会助力 HRBP 的实践。

《解密 HRBP 发展与体系构建》姊妹篇，更多实战案例、工具与方案，传统 HR 向 HRBP 转型的必备工具书。

从逻辑的起点，到形式逻辑的三大基本规律和基本推理，再到 19 种逻辑谬误等概念浅近直白地呈现出来。

这是一本向 3M 光辉创新历史致敬的书，本书是对创新理论的再认识，也是对企业发展基础再思考的过程。

本书是一位阿米巴经营顾问的感悟，一本中国企业阿米巴经营落地教材，打开阿米巴经营的金钥匙。

这本《企业基因图》揭示了创业者是否具有做老板的基因，经营企业的奥秘，至少让你少走五年的弯路。

本书每章按理论、典型人物、工具介绍和实践的逻辑结构展开。是每一个有志成为创新领导者的读者案头的工具书。

雇佣时代已去，合伙时代来临。本书以绩效激励和股权激励为中心，打造真正适合中国国情的企业"事业合伙人"组织。

本书以"新人类"的角度，分析"新人类"对产品、场景、渠道、品牌的需求变化，来重新理解零售。

更多好书

>>

智读汇淘宝店　　智读汇微店

让我们一起读书吧，智读汇邀您呈现精彩好笔记

一智读汇一起读书俱乐部读书笔记征稿启事一

亲爱的书友：

感谢您对智读汇及智读汇·名师书苑签约作者的支持和鼓励，很高兴与您在书海中相遇。我们倡导学以致用、知行合一，特别打造一起读书，推出互联网时代学习与成长群。通过从读书到微课分享到线下课程与入企辅导等全方位、立体化的尊贵服务，助您突破阅读、卓越成长！

书 好书是俊杰之士的心血，智读汇为您精选上品好书。

课 首创图书售后服务，关注公众号、加入读者社群即可收听／收看作者精彩微课还有线上读书活动，聆听作者与书友互动分享。

社群 圣贤曰："物以类聚，人以群分。"这是购买、阅读好书的书友专享社群，以书会友，无限可能。

在此，我们诚挚地向您发出邀请： 请您将本书的读书笔记发给我们。

同时，如果您还有珍藏的好书，并为之记录读书心得与感悟；如果你在阅读的旅程中也有一份感动与收获；如果你也和我们一样，与书为友、与书为伴……欢迎您和我们一起，为更多书友呈现精彩的读书笔记。

笔记要求： 经管、社科或人文类图书原创读书笔记，字数 2000 字以上。

一起读书进社群、读书笔记投稿微信： zhiduhui005

读书笔记被"智读汇"公众号选用即回馈精美图书 1 本（包邮）。

智读汇系列精品图书诚征优质书稿

智读汇云学习生态出版中心是以"内容＋"为核心理念的教育图书出版和传播平台，与出版社及社会各界强强联手，整合一流的内容资源，多年来在业内享有良好的信誉和口碑。本出版中心是《培训》杂志理事单位，及众多培训机构、讲师平台、商会和行业协会图书出版支持单位。

向致力于为中国企业发展奉献智慧，提供培训与咨询的**培训师、咨询师，优秀的创业型企业、企业家和社会各界名流**诚征优质书稿和全媒体出版计划，同时承接讲师课程价值塑造及企业品牌形象的**视频微课、音像光盘、微电影、电视讲座、创业史纪录片、动画宣传**等。

出版咨询：13816981508，15921181308（兼微信）

— 智读汇书苑 084 —
关注回复 084 **试读本** 抢先看

● 更多精彩好课内容请登录 **智读汇网：www.zduhui.com**